PERTO DO FRAGMENTO, A TOTALIDADE

Olhares sobre a literatura e o mundo

CIÊNCIAS & ARTES

Francisco Noa

PERTO DO FRAGMENTO, A TOTALIDADE

Olhares sobre a literatura e o mundo

kapulana

São Paulo
2015

Copyright ©2012 Sociedade Editorial Ndjira, grupo LeYa, Moçambique.
Copyright ©2015 Editora Kapulana Ltda.

A editora optou por manter a ortografia da língua portuguesa de Moçambique somente nas citações feitas pelo autor. Os textos do próprio autor foram adaptados para a nova ortografia da língua portuguesa de expressão brasileira. (Acordo Ortográfico da Língua Portuguesa – decreto n° 6.583, de 29 de setembro de 2008).

Coordenação editorial: Rosana Morais Weg
Projeto gráfico e capa: Amanda de Azevedo Nogueira
Diagramação: Carolina Izabel da Silva

Dados Internacionais de Catalogação na Publicação (CIP)
(Câmara Brasileira do Livro, SP, Brasil)

Noa, Francisco
  Perto do fragmento, a totalidade : olhares sobre a literatura e o mundo / Francisco Noa. -- São Paulo : Editora Kapulana, 2015. -- (Coleção ciências e artes)

  ISBN 978-8568846-01-8

  1. Ensaios 2. Literatura moçambicana (Português) 3. Literatura moçambicana (Português) - História e crítica I. Título. II. Série.

15-04463   CDD-869.09

Índices para catálogo sistemático:
1. Literatura moçambicana em português : História e crítica   869.09

2015

Reprodução proibida (Lei 9.610/98). Direitos desta edição em língua portuguesa para o Brasil cedidos pela Sociedade Editorial Ndjira com exclusividade à Editora Kapulana Ltda.
Rua Henrique Schaumann, 414, 3° andar, CEP 05413-010, São Paulo, SP, Brasil.
editora@kapulana.com.br – www.kapulana.com.br

Sumário

Apresentação —————————————————————— 07
Nota Prévia (edição da Sociedade Editorial Ndjira – 2012) ————— 09

▶ ENSAIOS

Da criação e da crítica literária: a cultura como valor apelativo
e estruturante ——————————————————————— 13
A literatura moçambicana e a reinvenção da contemporaneidade — 25
Arte, estética e ética: a possibilidade de existir ————————— 37
O sortilégio do conto: entre o fragmento e a totalidade ————— 53
As literaturas africanas, valorização do conhecimento e as redes
identitárias ———————————————————————— 65
A narrativa moçambicana contemporânea: o individual,
o comunitário e o apelo da memória ————————————— 77
As humanidades: entre a permanência e a finitude ou entre
desassossegos e desafios —————————————————— 87
Intersecções afro-luso-brasileiras na poesia de Noémia de Sousa,
José Craveirinha e Rui Knopfli e o estabelecimento do cânone
literário moçambicano ——————————————————— 99
Ensino Superior em Moçambique: políticas, formação de quadros
e construção da cidadania ————————————————— 113

▶ PREFÁCIOS E TEXTOS DE APRESENTAÇÃO DE LIVROS

Niassa, Terra de Mel... e Leite Amargos, de Graça Torres,
ou a celebração da memória ————————————————— 133
A Virgem da Babilónia, de Adelino Timóteo ————————— 139

Clemente Bata, *Retratos do instante* _____ 143
Dockanema: a realidade surpreendida e reinventada _____ 147
Rostos _____ 151
Lica Sebastião, *Poemas sem véu* _____ 153
As múltiplas faces da condição humana em Rui Cartaxana _____ 157
José Luís Cabaço, *Moçambique: identidades, colonialismo e libertação* 159
Luís Carlos Patraquim, *Matéria concentrada. Antologia poética* _____ 165
João Mosca, *Longo caminho para a cidadania* _____ 171
Lucílio Manjate, *O contador de palavras* _____ 175

▶ ARTIGOS DE OPINIÃO

A primavera dos oitenta ou a História revisitada _____ 181
A prostituição das palavras _____ 187
Elogio da simplicidade _____ 191
O guarda-costas _____ 195
A banda _____ 199
Uma janela para a utopia _____ 203
Elogio da memória _____ 207
Anatomia do prazer _____ 211
Sujeito ou consumidor: eis a questão _____ 215
Morrer por dentro _____ 219
Eppur si muove! _____ 223
Reinventar a alegria _____ 227

Referências _____ 231
Índice Onomástico _____ 237

Apresentação

Francisco Noa, intelectual moçambicano, é conhecido de muitos pesquisadores brasileiros por suas participações em eventos científicos no Brasil, além de já ter reconhecimento internacional consolidado.

Perto do Fragmento, a totalidade: olhares sobre a literatura e o mundo, coletânea de apresentações orais e escritas, com destaque para o período entre 2008 e 2012, é uma representação de parte do percurso investigativo deste notável ensaísta sobre Moçambique, sua terra natal, em particular sobre sua literatura.

Em sua rota analítica, Noa demonstra coerência e persistência sem, no entanto, acomodar-se na linearidade monocórdica de um olhar fixo para uma só direção. Ao abordar intersecções literárias e conexões culturais, o autor não se deixa resvalar para a dispersão fragmentada, tão comum quando o objeto de observação apresenta aspectos muito variados.

Francisco Noa mergulha na história, na literatura, na música, no cinema, e traz à tona um baú de riquezas artísticas e históricas de valor inestimável para os que querem conhecer Moçambique, não como uma terra distante, mas como parte da sociedade em que vivemos.

A Editora Kapulana tem a satisfação de oferecer ao leitor a primeira edição brasileira de uma obra de Francisco Noa, que nos foi cedida pela editora moçambicana Ndjira em prol da cooperação e do intercâmbio cultural entre Moçambique e Brasil.

São Paulo, 20 de maio de 2015

Nota Prévia

Poderia aproveitar esta nota prévia para tentar explicar o significado do título. Mas ao fazê-lo estaria a cometer uma dupla violência sobre o leitor eventual. Primeiro, a tratá-lo como um indigente, por pressupor ser ele incapaz de perceber, com a leitura que fará, os sentidos que o título desta obra encerra. Segundo, estaria, à partida, a retirar-lhe o prazer de ir construindo as conexões entre esse mesmo título e os textos aqui perfilados.

No entanto, penso que não cairei na dupla inconveniência a que acima me refiro, ao avançar que reuni, neste livro, um conjunto de textos que escrevi nos últimos anos para diferentes finalidades e que acabaram por ficar agrupados segundo essas mesmas finalidades e distintas motivações: académicas, interventivas, opinativas, prefácios e apresentação de livros.

Outro elemento demarcador tem a ver com o objecto do meu olhar: se, num caso, o objecto é assumidamente a literatura, noutro, é o mundo que nos rodeia e o tempo que nos espreita, permanentemente. Qualquer um dos exercícios, qualquer uma das vertentes não visava encontrar respostas, nem formular pretensas teorias, mas sim, simplesmente, estruturar as minhas inquietações e dúvidas, mesmo nos casos em que pareça ter insinuado ou exibido alguma assertividade, ou soberba intelectual.

O que efectivamente me move são as minhas próprias incertezas e os questionamentos que faço bem como os que ficam por fazer. E é, pois, por detrás deles onde encontro o sentido das coisas, das palavras e da existência, sobretudo neste tempo cada vez mais difuso e ambíguo.

Maputo, Setembro de 2012

Francisco Noa

ENSAIOS

Da criação e da crítica literária:
a cultura como valor apelativo e estruturante[1]

Introdução

Quando, há algum tempo atrás, discutia com alguns estudantes do curso de licenciatura em literatura moçambicana os temas que iriam desenvolver para a culminação dos seus estudos, apercebi-me, uma vez mais, que todos eles, sem exceção, privilegiavam uma perspectiva onde explicitamente elementos de ordem cultural e social tinham especial relevância.

Títulos como: "A representação de espaços sociais, culturais e simbólicos do elemento feminino", "O texto narrativo no manual escolar: leitura e transmissão de referências socioculturais", "A representação do espaço suburbano no conto 'O Domador de Burros', como Projecção da Moçambicanidade", "O Quotidiano das Personagens Femininas na obra *Niketche* de Paulina Chiziane", "O Papel da personagem Taba Mayeba na desmistificação dos mitos e dos ritos em Aldino Muianga", "O Fantástico como uma Realidade Social em *O Apóstolo da Desgraça* de Nelson Saúte" e muitos outros títulos que não é possível aqui enumerar, são bem reveladores de como a preocupação com o elemento cultural é tão marcada nas opções de abordagem universitária da literatura moçambicana.

Aliás, um olhar panorâmico sobre a pluralidade de reflexões e pu-

---

[1] In: Simpósio *Interpenetração da língua e culturas em língua portuguesa na CPLP*. São Vicente, Cabo Verde, 24-28 mar. 2008.

blicações que têm vindo à luz, nos nossos países e não só, elucidar-nos-ia, de imediato, sobre a prevalência desses mesmos aspectos nos exercícios interpretativos que têm como objeto as literaturas africanas em língua portuguesa.

As explicações para tal fenômeno podem ser encontradas, presumo, na encruzilhada de variados fatores como sejam:

- primeiro, porque as nossas literaturas, não escapando àquele que parece ser o fator transversal da arte em África, vivem de uma profunda interação e contaminação do meio em que elas emergem estabelecendo com os ambientes circundantes um diálogo intenso, estruturante e permanente;

- segundo, porque tratando-se de literaturas surgidas no contexto colonial, portanto, em situação de dominação, há mais ou menos cem anos, acabaram por incorporar, como motivação decisiva, a preocupação com a delimitação de um território estético próprio que, naturalmente, impunha o recurso a estratégias de afirmação identitária que questionavam e se distanciavam da ordem cultural e política dominante;

- terceiro, porque a própria tradição dos estudos literários que têm como objeto a literatura africana conduziu à consagração de um modelo crítico a que dificilmente conseguem escapar mesmo as consciências mais afeitas a uma perspectiva mais formalista ou estruturalista. Por outro lado, na esteira da abertura pós-estruturalista de inspiração derridiana, irão surgir as controversas, mas importantes, formulações teóricas conhecidas como "estudos culturais" cujos fundamentos e práticas têm tido destaque crescente no comentário crítico contemporâneo;

- quarto, o sempiterno desconcerto, quando não deslumbramento, que estas literaturas suscitam enquanto recriação ou revelação de realidades que encerram dentro de si o que há de mais surpreendente, imprevisível, contraditório, inaudito, inapreensível, dramático e risível da condição humana. No caso moçambicano, muito do sucesso, sobretudo no exterior, de escritores como Mia Couto ou Paulina Chiziane, será certamente devedor dos índices de estranhamento, quando não de novidade (agora, cada vez menos, obviamente) que a escrita de ambos suscita;

- quinto, a aguda, indisfarçável e crescente crise de referências e de valores a que se assiste nas nossas sociedades, em quase todos os níveis e que, derivada de vários e complexos circunstancialismos, concorre para uma desertificação espiritual, sobretudo entre os jovens, o que conduz à mobilização dos escritores no sentido de fazerem da literatura um exercício de pedagogia ética e cívica, numa deliberada busca de uma ordem e de um sentido existencial que acaba por estar inevitavelmente ancorado numa ideia de cultura que recupera e projeta valores de referência e de estabilidade, em que a evocação das tradições joga um papel importante.

Vistos quer isoladamente quer no seu conjunto, pensamos serem estes alguns dos fatores que concorrem para uma determinada arquitetura criativa e crítica no espaço literário de língua portuguesa, sobretudo quando África, Moçambique, em particular, enquanto vivência e enquanto representação, surge como tema, motivo e contexto.

Atento a toda esta problemática, muitas vezes demasiado empolada, Michael Chapman (2003), da Universidade de Natal, na África do Sul, alerta-nos para o fato de que o predomínio das práticas culturais na discussão sobre a literatura e sobre a criação artística, em geral, não deve ser visto como uma exclusividade africana. E esta afirmação tem pertinência irrecusável se considerarmos, tal como Terry Eagleton (2003: 17) que a cultura, afinal, "corporifica nossa humanidade comum".

Na verdade, olhando, para o percurso de outras literaturas, como sejam as latino-americanas e mesmo as do Ocidente, não é difícil reconhecer, por exemplo, como essa questão aflora, em diferentes momentos, com contornos muito salientes, quando não, nalguns casos, com caráter obsessivo. Lembremo-nos do romantismo, na sua vertente mais nacionalista e revivalista ou na sua exploração do popular e do exótico, do modernismo brasileiro, e do pós-modernismo, com os *post-colonial studies*. Contudo, pelo simples fato de as literaturas africanas terem surgido em situação de domínio colonial e na tentativa de procurarem afirmar um universo estético próprio e que incorpora e celebra tudo o que o Ocidente ignorou ou subestimou, acabaram, essas mesmas literaturas, por fazerem da escrita não só um ato cultural, mas também político.

Fato bem identificado por alguém como Chinua Achebe, no já distante ano de 1965, no célebre ensaio "The Novelist as a Teacher", em que nos apresenta o escritor africano imbuído de um didatismo messiânico, quer pela função desocultadora dos seus textos quer por poder demonstrar que os africanos não são o lado escuro e obscuro da psique humana.

Analisar em que medida a estetização do elemento cultural se institui como valor dominante nos processos de criação e de crítica literária no universo das literaturas africanas é, pois, o objetivo desta reflexão. Isto é, discutir como essas mesmas literaturas particularizam a "nossa humanidade comum" a que se refere Eagleton (2003: 29) e que contribuem, segundo o mesmo autor, para a "colorida tapeçaria da experiência humana".

A criação literária e a incontornabilidade da cultura

Segundo T. S. Eliot (1997: 23), o que acontece quando da criação de uma obra de arte é algo que acontece simultaneamente a todas as obras de arte que a precederam. Isto é, é aqui, uma vez mais evidenciada a concordância entre o velho e o novo, ou se quisermos, entre a tradição e a inovação. Portanto, o processo de criação é sempre uma reinvenção de estruturas, temas, perspectivas, linguagens e que garantem sempre a legitimidade e legibilidade de uma obra.

As literaturas africanas têm, nesta conformidade, conquistado e alargado os seus universos de recepção integrando, por um lado, toda uma tradição estética assimilada ou importada e, por outro, inscrevendo elementos de ordem linguística, filosófica, estética, cultural e vivencial decorrentes da pertença dos escritores a um espaço físico e simbólico determinado. E é, precisamente, a necessidade, muitas vezes compulsiva, de repensar, valorizar e consagrar esse mesmo espaço que a sua representação se torna causa e efeito do ato de criação literária.

Antes de avançarmos, importa sublinhar que dificilmente nos poderemos cingir a uma definição estável e cabal de cultura, termo oscilando entre a maleabilidade e a rigidez conceitual, entre a amplitude e a restrição de sentido, e que, cada vez que o interpelamos e escavamos, nos oferece mais inquietações e indefinições que respostas e certezas. A este propósito, Margaret Archer, citada por Eagleton (2003), é peremptória ao concluir que o conceito de cultura exibiu o mais fraco desenvolvimento analítico de entre todos os conceitos-chave das ciências sociais e desempenhou o papel mais descontroladamente vacilante na teoria sociológica.

Neste sentido, ao falarmos das dominantes culturais que presidem tanto a criação literária como a sua exegese, temos em conta não só as particularidades que o termo cultura sugere, mas também a sua amplitude conceitual que acaba por fazer caber, entre outros, o histórico, o social, o religioso, o político, o linguístico, etc.

Por outro lado, há, talvez, na nossa reflexão, algo de redundante se acedermos a que a literatura, enquanto sistema de comunicação e de significação, é já, de *per* si, um ato cultural. Isto é, por um lado, ela se inscreveria num conjunto de práticas que teriam a ver com modos de vida, formas de comportamentos, ou simplesmente e segundo Clifford Geertz, redes de significação nas quais está suspensa a humanidade, e a que chamaríamos, *lato sensu*, a Cultura. Por outro, seria ela própria uma realização específica, adjetivável, que designaríamos, por exemplo, por cultura literária.

Temos claramente consciência de que se, por um lado, é incontornável e indesmentível a forte presença de componentes culturais de várias origens no escritor africano (a língua, os modelos estéticos, os valores éticos, mundividências, etc.), por outro lado, quando falamos do espaço cultural e literário, referimo-nos a um espaço dinâmico, plural, diverso, oscilante e fragmentário. A incidência desses elementos tanto na criação como na crítica literária empurra-nos forçosamente para a questão da função que ambas desempenham.

O processo de criação, em especial para o autor africano, é um jogo às vezes difuso, às vezes inconcluso, entre uma memória individual e outra social, entre a necessidade de afirmação de um território de pertença e de outro, a que amiúde aspira, mas que parece querer escapar-se-lhe.

Dois autores que, no atual universo literário moçambicano, mais corporizam esta dualidade são Aldino Muianga e Paulina Chiziane. Mais amarrado ao conto, o primeiro, mais virada para o romance, a segunda, ambos fazem da escrita ação e revelação de um território cultural intensamente marcado quer por uma memória mítica quer pelos imponderáveis apelos do quotidiano.

Enquanto que Aldino encontra nos domínios suburbanos e rurais espaços diegéticos privilegiados dos seus contos e romances para incursões às vivências do quotidiano, ao mundo dos mitos e das tradições, Paulina, programaticamente, define temas em que o resgate cultural é pronunciado, mesmo quando posto em questão. Tais são, entre outros, os casos da poligamia, do lobolo, da feitiçaria, etc. Basta, para comprová-lo, seguir o curso da sua criação romanesca com obras como *Balada de Amor ao Vento*, *Sétimo Juramento* e *Niketche*.

E na representação das oralidades (rurais, urbanas e suburbanas), o que estes e outros autores moçambicanos acabam por projetar são, muitas vezes, as tensões e as contradições entre a modernidade e a tradição, o passado e o presente, o local e o global.

Ao sobrevalorizar o elemento cultural, a própria escrita, enquanto criação, acaba, invariavelmente, por assumir uma função crítica. Isto é, o autor africano dando-se conta da desagregação da civilização real de que faz parte, investe na reivindicação de uma ordem cultural que comporta elementos e valores de estabilidade e dignidade, numa atitude interventora e redentora.

Há, neste particular, além de um agudo sentido crítico do presente que se vive, a representação de outras racionalidades, quando não de uma religiosidade difusa, discernível no recurso persistente ao sobrenatural e aos antepassados, como se reconhece nos autores acima referidos ou em Suleiman Cassamo, *Palestra para um Morto* (1999?), Marcelo Panguana com *O Chão das Coisas* (2003), e, em certa medida, em Mia Couto. Com o seu romance de estreia, em 2003, *As Duas Sombras do Rio*, João Paulo Borges Coelho acabará por trilhar pelo mesmo diapasão. Não podemos, contudo, deixar de reconhecer que, na relação com os imaginários representados nestes e noutros autores africanos, por eles próprios serem produtos de prolongados e acentuados processos aculturativos, encontramos, quase que simultaneamente, segmentos de identificação, contradição ou, mesmo, conflito, que os colocam, algumas vezes, numa condição verdadeiramente dramática, quando não grotesca.

O que nos parece sintomático e revelador é que quanto mais ameaçado parece o mundo em que o autor africano se insere, maior é a necessidade tanto de dar maior visibilidade à desordem instaurada, como de atracagem, mesmo que utópica ou a nível da sugestão, numa ordem onde o apelo à cultura e à ética se impõe de modo premente.

Nas múltiplas e diversificadas definições que temos sobre a literatura, desde Platão até aos nossos dias, implícita ou explicitamente, ela emerge, quase sempre, como uma suprema expressão de um povo ou de uma época. Assim, tanto na conceitualização da literatura, isto é, na perseguição da resposta à indagação: *o que é*, como na problematização da sua funcionalidade, *o que ela faz*, ou mesmo da sua finalidade, *para que serve*, há, nessa sequência de interrogações, duas dimensões que, do nosso ponto de vista, se impõem de forma incontornável e que se ligam visceralmente com a cultura: a questão da língua e a questão da representação.

Da língua

No caso particular das literaturas africanas, a maior parte delas veiculadas através de uma língua natural que resultou de um processo de imposição histórica, a questão adquire contornos de uma complexidade cujo entendimento está ainda longe de estar esgotado. Muito pelo contrário.

Isto, por uma dupla razão: primeiro, quer a língua quer a literatura são realidades profundamente dinâmicas, sujeitas ambas a processos intermináveis de transformação, incorporação e extinção de elementos estruturais e de sentido; segundo, os fundamentos e as abordagens vão também, por seu lado, sofrendo permanentes variações e contaminações, sempre numa perspectiva de refinamento dos procedimentos de análise.

A língua, revestida ou não da sua condição de língua literária, aparece-nos como repositório, memória, ou tesouro, segundo Saussure, em contraponto às suas realizações particulares, em forma de falas específicas que, no caso em questão, identificamos com as obras literárias. Estas acabam por expor todas as potencialidades do sistema linguístico que assim vê alargada as suas possibilidades expressivas, plásticas e representacionais. Afinal, para melhor dominarmos uma língua temos que conhecer mais do que a própria língua.

E a dimensão, se não mesmo a grandeza cultural da língua natural, no caso presente temos em conta a língua portuguesa, como língua de comunicação, ou como língua literária, pode decorrer da carpintaria estética e das tensões morfossintáticas e fonéticas a que ela é submetida por autores que acabam por fazer da escrita um espetáculo em que a língua aparece ela própria como protagonista. E o hibridismo linguístico que as obras destes autores veiculam é clara ou intencionalmente projeção do hibridismo cultural que caracteriza o seu espaço existencial. José Craveirinha, no caso moçambicano, e Luandino Vieira, no caso angolano, são, seguramente, dois dos casos mais eloquentes e emblemáticos.

Por outro lado, autores que escrevem somente em línguas de origem bantu, caso de Bento Sitoe, que usa exclusivamente o changana, idioma do sul de Moçambique, como língua literária, mais do que pretender atingir um determinado público, o que eles realizam é um ato performativo que consagra uma visão de mundo, um imaginário coletivo, um sentido de vida que só a língua nativa pode e deve, na sua óptica, traduzir.

Outro fenômeno a que se assiste, hoje, tem a ver com a problemática condição dos jovens criadores nos países africanos que têm a língua portuguesa como língua oficial, língua de cultura e língua de comunicação e que se veem obrigados a escrever numa norma que choca, sintática e morfologicamente, com aquela que é a sua real e efetiva prática linguística. Isto é, trata-se das variantes que gradual e irreversivelmente se vão instituindo como norma, embora, ainda não politicamente legitimada.

Portanto, a língua portuguesa a cujas regras se têm que cingir, a nível da escrita, está cada vez mais distante da língua portuguesa que falam e ouvem diariamente. Quantos textos desses jovens criadores não são hoje rejeitados pelas editoras e pelos júris dos concursos literários, em nome e da salvaguarda do critério da correção linguística? Ganha, neste caso, dramática validade a asserção de Roland Barthes de que a língua está sempre aquém da literatura.

Segundo Evanildo Bechara, um dos gramáticos mais destacados do Brasil, numa entrevista à revista Veja, n° 2050, 5 de março de 2008, p. 115, "o domínio do padrão é parte essencial da competência linguística do falante". Qual é, pois, perguntamos nós, o padrão, no caso concreto dos multilíngues países africanos de língua portuguesa, como Angola e Moçambique, desprovidos de uma política linguística que acomode e legitime a variante?

Da representação literária

As ficções literárias, enquanto exercícios de representação que oscilam entre o latente e o manifesto, a revelação e o oculto, possuem, na óptica de Wolfgang Iser (1990 - 43, 45), uma dimensão antropológica por encerrarem dentro de si realidades profundas da natureza humana e, por outro lado, serem, essas mesmas ficções, geradoras de sentidos múltiplos, diversos, controversos e oscilantes à imagem da própria condição humana.

Atendo-nos ao aspecto da representação, verificamos como à questão da língua se sobrepõe, inevitavelmente, a questão das linguagens. Isto é, uma obra literária faz-se, sobretudo, através do cruzamento de linguagens que instituem um universo particular e que nos permite correlacioná-lo com uma realidade determinada.

São, pois essas correlações que nos levam a adjetivar as literaturas, a sistematizá-las, a diferenciá-las e a tipificá-las. No caso presente, não só estamos falando de literaturas africanas, mas estamos reivindicando uma particularidade que se prende com a força representativa de elementos culturais, o papel e o lugar que eles ocupam na escrita como inspiração, motivo, tema e fundamento estético. Portanto, elementos com enorme força agonística, por exprimirem mais do que a necessidade de autoafirmação, um sentido de questionamento e de desafio a ordens hegemonizantes e homogeneizantes. Falar em representação é abordar um processo que produz uma ideia de realidade, espaço de liberdade da imaginação, de afirmação de linguagens que codificam mundos determinados, possibilidade e condição de ser numa dimensão que as literaturas africanas concretizam enquanto projeção de alteridade, de visões de mundo e de experiências de vida que alargam o sentido da existência humana.

A crítica como valorização do elemento cultural

Já nos referimos, antes, ao fato de a escrita, enquanto criação de mundos possíveis, assumir também um papel interventivo, uma função crítica. Interpelação das circunstâncias que a rodeiam, influenciam e condicionam, mas interpelação também da sua própria natureza, dos seus próprios materiais, portanto, numa dimensão autorreflexiva a que podemos chamar de crítica artística.

Por outro lado, as literaturas africanas, no momento em que elas se viram para si mesmas, no momento em que a obra é um pretexto para pensar a própria literatura, o ato de escrita institui-se inequivocamente como duplamente cultural. Poetas como Eduardo White, Filimone Meigos e Armando Artur são exemplos reveladores, nas suas obras, de como a poesia pode ser metapoesia.

Além deste exercício crítico encetado pela própria criação literária, duas atitudes podem caracterizar a abordagem da literatura, segundo Todorov (1986): uma, que se fecharia sobre cada texto considerando-o suficiente em si mesmo e, outra, que veria em cada texto específico a manifestação de uma dimensão mais vasta, geral, que estaria presente em todos os textos literários.

Isto é, cada texto atualizaria elementos estruturais transversais e definidores da própria literatura. Portanto, comentar um texto é, inevitavelmente, analisar aquilo que o faz específico, mas ao mesmo tempo aquilo que o faz partilhar elementos comuns a outros textos. E isso pode muito bem ser ilustrado nos trabalhos dos estudantes moçambicanos referidos no início desta reflexão e que elegem os aspectos culturais como denominador comum das obras que analisam.

Por outro lado, entendemos que toda a crítica é, em última instância, um trabalho de dupla interpretação: dos processos de representação e do mundo representado. E é exatamente a pregnância dos mundos criados pelas literaturas africanas, a moçambicana, em particular, que faz com que as estratégias de interpretação impliquem, quase sempre, a articulação de perspectivas ou metodologias que tenham em conta a multidimensionalidade dos mundos representados.

Os mundos possíveis que essas literaturas propiciam trazem dentro de si o apelo ao reconhecimento, por parte do sujeito interpretante, dos contextos que os envolvem ou lhes são preexistentes. Por conseguinte, além da atração, diria mesmo fascínio, que a relação entre esses mundos possíveis e os contextos desencadeiam nos leitores, o que verificamos é que a interpretação literária vai implicar sempre uma viagem, real ou simbólica, pelos contextos de onde emergem as obras dos autores africanos. Afinal, o que move os estudiosos das literaturas africanas, caso dos brasileiros, portugueses e outros europeus, a demandarem os espaços existenciais, interiores e exteriores, dos autores dessas literaturas?

Isto é, a crítica, a interpretação literária é uma forma de conhecimento que amplia e aprofunda significativamente o campo da comunicação literária. Sem necessariamente ter que implicar olhares deterministas sobre o texto literário do ponto de vista antropológico, sociológico, histórico ou psicológico, a interpretação obriga a equacionar diferentes perspectivas que fazem conjugar os pontos de vista acima mencionados, sem que nunca deixe de ser colocado como dominante, o ponto de vista estético sob risco de subversão da essência da própria literatura.

E essa subversão aconteceria com o fechamento interpretativo resultante do determinismo dos fatores e das perspectivas exteriores à própria literatura. Há uma fronteira entre os mundos possíveis, imaginários, por um lado, e o mundo empírico, real, por outro, que não pode ser transgredida, mas que pode e deve ser negociada.

E o grande contributo e mérito das nossas literaturas é de não só nos obrigarem a reequacionar o sentido, o lugar e a função da literatura, como também o de nos obrigarem a repensar os *modos* de fazer mundos e, em especial, os *próprios mundos* criados.

Em última instância, a interpretação literária institui-se como um ato cultural, por excelência, pois ela revela-nos não só as virtualidades da obra, mas do próprio leitor, isto é, o vasto número de mecanismos através das quais, segundo Iser (1989: 219) as faculdades humanas podem ser usadas para abrir, através da literatura, as portas do mundo em que vivemos.

Conclusão

Num momento em que a cultura, como ato e como reflexão, parece perder o estatuto e a aura que sempre a acompanharam, numa era que parece estar de acordo com as constatações céticas e antiutópicas de um Walter Benjamin (1971), para quem, num certo sentido, cultura é barbárie, numa altura de subversão de todos os valores, de crise da própria ideia do homem e de indefinições em relação ao seu próprio destino, as literaturas africanas, em geral, e a moçambicana, em particular, na assunção, utópica ou não, da criação literária como um valor cultural fundamental, funcionam como um contributo inestimável no processo de reumanização do mundo.

No conjunto de anotações reunidas na obra *Cultura e Valor*, Wittgenstein (1996: 20) defende a dado momento que uma cultura é como uma grande organização que atribui a cada um dos seus membros um lugar em que ele pode trabalhar no espírito do conjunto, sendo perfeitamente justo, ainda segundo ele, que o seu poder seja medido pela contribuição que consegue dar ao todo.

Quer através da criação quer através da interpretação literária, tendo sempre como inspiração e como pano de fundo a cultura e o papel que cada um deles joga, autores e críticos estabelecem assim uma plataforma onde a escrita enquanto interpelação do mundo, de construção e de interpretação de imaginários, emerge, sobretudo, como um processo de reivindicação de um modo, ao mesmo tempo particular e universal, de reinventar a humanidade.

Referências

ACHEBE, Chinua. "The Novelist as Teacher." (1965). In: *Hopes and Impediments: Selected Essays 1965–1987*. London: Heinemann Educational Books, p. 27-31, 1988.
BECHARA, Evanildo. (Entrevista). In: *Veja*, n. 2050, 5 mar. 2008, p. 115, 2008.
BENJAMIN, Walter. "Theses sur la Philosophie de l'Histoire". In: *L'homme, le Langage et la Culture, Essais*, Paris, Denoel/ Gonthier, p. 183-196, 1971.
CHAPMAN, Michael. "African Literature, African Literatures: Cultural Practice or Art Practice?". In: *Research in African Literatures* – v. 34, Number 1, Spring, p. 1-10, 2003.
EAGLETON, Terry. *A idéia de cultura*. São Paulo: Unesp, 2003.
ELIOT, T. S. *Ensaios de doutrina crítica*. Lisboa: Guimarães Editores, 1997.
ISER, Wolfgang. *Prospecting: From Reader Response to Literary Anthropology*, Baltimore/ London, The Johns Hopkins University Press, 1989.
TODOROV, Tzvetan. *Poética*. Lisboa: Teorema, 1986.
WITTGENSTEIN, Ludwig. *Cultura e valor*, Lisboa, Edições 70, 1996.

A literatura moçambicana
e a reinvenção da contemporaneidade[2]

Introdução

O que significa ser contemporâneo? Partilhar o mesmo segmento temporal legitima automaticamente ser-se contemporâneo? Num texto célebre, do polonês Jan Kott (1974), o autor discute a contemporaneidade de Shakespeare, numa obra significativamente intitulada *Shakespeare, nosso contemporâneo*. Três hipóteses podem ser levantadas a partir da leitura do referido livro:

- primeiro, assumindo-nos nós como contemporâneos do dramaturgo britânico significa que paramos no tempo, numa espécie de existência anacrônica;
- segundo, se a contemporaneidade for vista a partir dele, então Shakespeare tem o mérito de ter estado avançado no seu tempo e ter antecipado o tempo em que hoje nos inserimos;
- terceiro, uma outra possibilidade é a de assumirmos o autor britânico como eterno e universal. E aí, confrontar-nos-íamos inevitavelmente com múltiplas contemporaneidades. Isto é, os temas das suas obras atravessam todos os tempos e lugares, protago-

---

2   In: *Encontro sobre Literaturas africanas de língua portuguesa*. Universidade Politécnica, Maputo, Moçambique, 11-12 abr. 2010.

nizando múltiplas e distintas contemporaneidades, construídas, desconstruídas ou reconstituídas em contextos particulares, o que, à partida, elimina a possibilidade de a contemporaneidade instituir-se como valor absoluto e impositivo.

O que significa, afinal, ser contemporâneo?

I. As medidas da contemporaneidade

Medida invariavelmente segundo os códigos culturais do Ocidente, a menção à contemporaneidade obriga-nos a equacionar, de forma quase inevitável, elementos de vária ordem:

- **temporal e política:** a partir de finais do século XVIII, com a Revolução Francesa e, inícios do século XIX, com as invasões napoleônicas e a emancipação dos povos ditos "primitivos", fora da Europa, como Haiti, Uruguai, Chile, Brasil, Peru, etc.;

- **teórica:** Marx, Nietzsche, Freud, ao negarem a razão como condição inata e suprema do homem;

- **existencial:** ruptura fundamental e problemática entre indivíduo e sociedade aliada à oscilação, ambivalência, homogeneização e desenraizamento do sujeito;

- **estética:** oscilação da obra de arte entre instabilidade e estabilidade orgânica, unicidade e multiplicidade, morte e ressurreição, tradição e inovação, racionalidade e irracionalidade, etc.;

- **tecnológica:** novas tecnologias de informação e de comunicação que vão ditando a planetarização do mundo sob o signo da aceleração, da multiplicação de objetos e de imagens e da simultaneidade.

Em que medida as sociedades e a arte africanas, e em especial, a literatura, participam desta contemporaneidade? Em que medida os universos de recepção, instaurados na e através da literatura que se faz em Moçambique, nos permitem viver a contemporaneidade dos outros? Ou eles viverem a nossa contemporaneidade? Não funcionará a escrita literária, neste caso, como o manto de Penélope, tecido e desconstruído, ato contínuo, tal como a própria ideia de contemporaneidade?

II. Da angústia de influência à angústia da contemporaneidade

Se, por um lado, harmonizar o nosso tempo, o nosso tempo interior com o tempo dos outros se tem colocado como uma das maiores aspirações e um dos mais ambiciosos e problemáticos desafios que se colocam ao ser humano, por outro lado, o contrário também é verdadeiro. Se a contemporaneidade significa partilhar valores, ideais, um tempo, ela também significa descompasso e desencontro de horizontes, de temporalidades.

Segundo o antropólogo Johannes Fabian (1983), o tempo não só tem um significado intrínseco (temporal, psicológico, etc.), como também é um espaço de significações que pode servir para estabelecer relações entre culturas e sociedades. Relações que se desenvolvem quer sob o signo da harmonização quer da confrontação.

No quadro mais amplo das relações produzidas na situação colonial, por exemplo, é possível verificar como se estruturam os contornos difusos e contraditórios da ideia de contemporaneidade. Isto é, naquilo que ela tem de impositivo, mas também de apelativo, de fascinante. Enquanto imposição ela institui hierarquias, isto é, subjugação ou não aceitação dos outros como eles são. Daí a confinação à condição de selvagem, primitivo, subdesenvolvido, ou periférico. De alguém, portanto que ficou num tempo outro, primordial. E, por consequência, o gesto político e cultural que emerge como ato de resistência e de afirmação.

Derivando para um contexto específico, socorremo-nos de uma entrevista dada a Michel Laban e publicada no livro *Moçambique – Encontro com Escritores* (1998), onde José Craveirinha, um dos mais emblemáticos poetas em língua portuguesa, fala sobre os autores que marcaram o seu despertar e percurso literários:

> Eu muito novo folheei Víctor Hugo, li Zola, Eça de Queirós, o Garrett. Em poesia, Antero e Guerra Junqueiro – principalmente Guerra Junqueiro, que o meu pai dizia de ponta a ponta. E Camões, o meu pai dizia Camões todo! [...] li o Víctor Hugo, fiquei marcado por *Os miseráveis*, por Emile Zola... (p. 49, 50)

Pertencendo à geração que seria responsável pela arquitetura da literatura moçambicana, enquanto sistema literário, nos anos 40 e 50, Craveirinha acaba por ser uma expressão eloquente da vastidão de referências, literárias e não literárias, que inseminaram os textos que foram configurando o espaço literário em Moçambique.

Assim, além da recepção de autores do romantismo, do modernismo e do neorrealismo português e brasileiro, e outros, temos uma notável plêiade de escritores e poetas franceses, russos, alemães, anglo-saxônicos, latino-americanos e outros que concorreram para uma sintonização da então emergente literatura moçambicana com algumas das maiores sensibilidades estéticas da época.

Do célebre poema "Contrição", em *Mangas Verdes com Sal* (1969), de Rui Knopfli, numa festiva e provocativa celebração da ancoragem intertextual da sua escrita, subtraímos esta passagem:

> Felizmente é pouco lido o detractor de meus versos,
> senão saberia que também *furto em Vinicius*,
> Eliot, Robert Lowell, Wilfred Owen
> e Dylan Thomas. No grego Kavafi,
> no chinês Po-Chu-I, no turco
> Pir Sultan Abdal, no alemão
> Gunter Eich, no russo André Vozenesensky
> e numa boa mancheia de franceses. Que desde
> a Pedra Filosofal arrecado em Jorge de Sena.
> Que subtraio de Alberto Lacerda
> e pilho em Herberto Hélder e que
> – quando lá chego e sempre que posso –
> furto ao velho Camões. Que, em suma,
> roubando aos ricos para dar a este pobre,
> sou o Robin Hood dos Parnasos e das Pasárgadas.

Em termos eminentemente literários, a noção de contemporaneidade será pautada, tanto num sentido teórico quanto criativo, no assumir da escrita como uma reflexão permanente e questionadora dos processos que desencadeia e dos produtos que proporciona, num jogo interminável, complexo e difuso entre criação e recepção literária, perturbando e diluindo, como nunca, os limites, entre uma e outra.

Neste caso, temos a conciliação entre, pelo menos, dois tempos: o tempo da obra (e do autor, de certo modo), por um lado, e o tempo do leitor. Portanto, a legibilidade do texto dependeria da harmonização dessas duas temporalidades, mesmo que simbólicas. Quer dizer a recepção literária faria do leitor contemporâneo dos autores das obras que lê.

Esta ideia de contemporaneidade adquire contornos mais profundos e complexos quando a recepção das obras literárias se torna geradora de outras obras literárias, isto é, quando da condição de leitor o sujeito transita para a condição de autor. Neste particular, o intercâmbio textual permite uma linha de continuidade - mesmo perante deliberados exercícios de transgressão, transformação e renovação estética -, entre horizontais culturais e literários muitas vezes distanciados no espaço e no tempo.

Por outro lado, a contemporaneidade, sobretudo se assumida como fonte inspiradora, pode ser geradora de uma espécie de *angústia de influência*, segundo a expressão consagrada por Harold Bloom. Isto é, pelos conflitos interiores que entretanto se desencadeiam para quem forçosamente tem necessidade de manter-se sintonizado com os signos de um tempo determinado, tempo ao qual se acredita pertencer.

Refletindo, também, acerca desta questão, T. S. Eliot (1997: 23) defende, com penetração, que nenhum poeta, nenhum artista de qualquer arte, detém sozinho o seu completo significado. Colocando todo o escritor entre a tradição e a contemporaneidade, explica:

> Esse sentido histórico, que é um sentido do intemporal bem assim do temporal, e do intemporal e do temporal juntos, é o que torna um escritor tradicional. E é, ao mesmo tempo, o que torna um escritor mais agudamente consciente do seu lugar no tempo, da sua própria contemporaneidade.

Observando o percurso das literaturas africanas, em geral, e as de língua portuguesa, em particular, quer na sua origem quer no seu ainda recente processo de configuração e consolidação, em que a afirmação de uma especificidade cultural e da soberania estética esteve quase sempre subjacente, é curiosa e sintomaticamente nesse incontornável e constante diálogo com as tradições estéticas do Ocidente, sobretudo, que se foram forjando os textos fundadores daquelas mesmas literaturas.

Isto é, a recepção literária funcionou e tem funcionado tanto como fator legitimador dos sistemas literários que, entretanto, se foram erigindo, bem como garante da sua legibilidade e contemporaneidade. Para todos os efeitos, trata-se de uma recepção que se realiza em dois sentidos, num sistema que se configura à imagem de outros sistemas assentes numa dupla dinâmica: primeiro, a de ter os seus autores como sujeitos de recepção de textos outros; segundo, de ter esses mesmos autores como objetos de recepção em contextos diversificados, dentro e fora do país.

Hoje, mais do que nunca, assistimos à dependência cada vez mais crescente dos autores africanos em relação aos universos de recepção fora de África que funcionam como caução de promoção, legitimação e de consagração numa comunidade de leitores cada vez mais global.

E o que vai definir o perfil das literaturas africanas é exatamente a forma como elas, em diferentes momentos, estabelecem a sua relação com a contemporaneidade, marcada pela matriz hegemônica dos códigos do Ocidente. Aquela, apesar da sua feição invasiva e problemática, foi submetida a processos transfigurativos e simbióticos que ditaram a sua amplificação e profundidade. A reinvenção da contemporaneidade, sobretudo na lógica do ocidente, é seguramente a imagem de marca das culturas tidas por periféricas e atrasadas.

Por outro, nesse processo permanente de reinvenção da contemporaneidade, a componente de afirmação identitária sob o prisma de uma determinada especificidade existencial e cultural instituiu-se ela própria, num determinado momento da história, como expressão de resistência. No resgate de elementos endógenos ligados à tradição, à ruralidade e à oralidade, vislumbramos, afinal, o reencontro com uma outra contemporaneidade, em grande medida, omissa e subalternizada.

Afinal, o escritor africano surgia como bissetriz de uma contemporaneidade que tinha dimensões e valências múltiplas e variadas, quando não, antagônicas. E o seu mérito residirá, entre outros aspectos, no ter não só dado visibilidade a essa multiplicidade e variedade, mas também na revelação dos seus aspectos conflitantes e insustentáveis. Mas, sobretudo, de ter mostrado que a contemporaneidade não é necessariamente universal e absoluta.

Digamos que a uma contemporaneidade vertical e hegemônica, opõe--se uma outra contemporaneidade: horizontal, muitas vezes submersa e que representa um diálogo com as tradições e com uma determinada memória coletiva. Afinal, a literatura tem que ser necessária e estruturalmente uma forma de resistência: contra todas as formas de hegemonização e de homogeneização, contra o imediatismo e as acelerações irracionais do nosso tempo, contra o que ameaça a humanidade do homem, contra a falta de imaginação, contra o conformismo, contra a instrumentalização, contra o apelo do efêmero, e, sobretudo, contra tudo o que procura transformar a própria literatura numa arte amorfa, previsível, sem elevação, ou mesmo, em extinção.

III. As pirâmides invertidas: da unicidade à dispersão

Atentando no processo evolutivo das literaturas africanas, com destaque à moçambicana, rapidamente se pode verificar que ela, na sua trajetória, apresenta a configuração de duas pirâmides invertidas unidas pelos respectivos vértices. Isto, se tivermos em linha de conta os seguintes pressupostos:

- primeiro: que o percurso dessas literaturas dificilmente pode ser dissociado dos contextos políticos e socioculturais em que elas emergem; daí que, do ponto de vista histórico-literário, a independência política é seguramente o ponto de encontro das duas pirâmides, marcando um tempo antes e um tempo depois e entrando inevitavelmente como um dos marcos no processo de periodização dessa literatura;

- segundo: se a pirâmide de baixo representa, de baixo para cima, um percurso de afunilamento e de unicidade identitária, teoricamente incontornável para a consagração de um estado-nação, a outra pirâmide representa exatamente o contrário: a deflagração progressiva dessa mesma identidade coincidente com a desagregação do ideal de uma nação-estado estável e una. Diríamos mais, coincidente com a desagregação do mundo como até aí o conhecemos;

- terceiro: ambas as pirâmides traduzem dimensões da contemporaneidade adstritas, cada uma delas, a épocas particulares com visões do mundo, sensibilidades, dinâmicas e problemáticas específicas. Se o vértice da primeira pirâmide representa o fim de um percurso, o vértice da outra significa o início de um outro percurso, onde nenhuma utopia consegue antecipar o que virá a seguir. Trata-se, claramente, de uma pirâmide de base indeterminada, inapreensível, incomensurável.

Tendo em conta que o sistema literário é sobretudo um sistema de comunicação e de significação, dominado quer por elementos intrinsecamente estéticos quer por elementos extraestéticos (sociais, culturais, políticos, econômicos, religiosos, etc.), a escrita que caracteriza a contemporaneidade colonial é dominada por ideais programáticos, ou não, de autoafirmação, de mobilização identitária, de perseguição de raízes, de projeção de uma nação cultural cruzando-se com uma nação política por vir.

Síntese de todas estas virtualidades é, por exemplo, o poema "Sia-Vuma" de José Craveirinha:

> E um círculo de braços
> negros, amarelos, castanhos e brancos
> aos uivos da quizumba lançada ao mar
> num amplexo a electrogéneo
> apertará o imbondeiro sagrado de Moçambique
> à música das timbilas
> violas, transistores e xipendanas
> SIA-VUMA!
> E dançaremos o mesmo tempo da marrabenta
> sem a espora do calcanhar da besta
> do medo a cavalo em nós
> SIA-VUMA!

A década de 80, pelos olhos e pela pena ávida de irreverência e de liberdade criativa de uma nova geração, traria outros sinais de afirmação, individual e estética, e, sobretudo, de reinvenção da contemporaneidade. O sentido de resistência ganha não só novos cambiantes, como também outros alvos. É nesse contexto, que transitando da outra pirâmide, José Craveirinha, uma vez mais, desta vez, com "Saborosas Tangerinas d'Inhambane", espelha e espalha os sedimentos que marcarão profundamente as tendências da escrita que fará fortuna nos anos subsequentes em Moçambique. Antiutópico e premonitório na irreverência e no desencanto em relação aos poderes do dia e aos novos costumes.

Hoje, cada vez mais virado para uma contemporaneidade transnacional, em que se aglutinam múltiplos e variados interesses, o sistema literário moçambicano tende a abrir-se ao mundo, num contexto de nacionalidades sem fronteiras, visto que o mundo, segundo Arjun Appadurai (2001) se tornou numa massa heterodoxa de interações à escala planetária.

É, pois, sintomática a proliferação de obras que têm como tema ou a viagem ou a evocação de um espaço que transcende o território nacional, tal é o caso do Oceano Índico que parece preencher a linha de fundo da pirâmide invertida. Temos, assim, como exemplos, *Janela para Oriente* (1999) de Eduardo White, *Viagem à Grécia através da Ilha de Moçambique* (2002) de Adelino Timóteo, *A Viagem Profana* (2003) de Nelson

Saúte, *Gritos do Índico* (2004) de Bento António Martins, *Índicos indícios I Setentrião e Índicos indícios II Meridião* (2005) de João Paulo Borges Coelho. Em qualquer um dos exemplos apontados, a viagem funciona como movimento dispersivo, exercício de recusa e de resistência a uma dimensão territorial delimitada e limitadora tanto do ponto físico, político como cultural.

Por outro lado, para um poeta como Filimone Meigos, em *Globatinol – (antídoto) ou o Garimpeiro do Tempo* (2002), o exercício de escrita é não só de evocar o Índico, como espaço de dispersão/reencontro do sujeito.

> Reflectida no Índico
> Ela [a lua] espelha-me (espalha-me)
> sou eu este vagueante por definir
> e aí (só para não perder a noção de teoria no posto de comando)
> cumpro a minha própria função: pode ser que eu não seja este
> ou melhor, que seja este e aqueleoutro. De facto, é complicado, sou
> dois os que me reparto contigo, este/outro. (p. 5)

Mas também de interpelar, numa manifesta atitude antilírica, a globalização, cônscio de que se trata de uma fatalidade a que se não pode fugir, espaço-destino que reescreve a identidade a uma dimensão até aí insuspeita:

> Vês-me o tamanho da solidão? Deve ser a única coisa que não tem a
> ver com a dita globalização. Pessoalmente, muito minha, ela vigia-me
> a fronteira dos sentidos, que nem um bufo da antiga RDA. (p. 17)

E a dimensão transnacional e translocal que caracteriza esta literatura é também marcada pela liberdade estética, subjetiva e temática, pelo ecletismo de formas, pela iconoclastia, pelo absurdo, pela volúpia do caos e por um intenso apelo ao cosmopolitismo e à dispersão.

Sintomaticamente, recusando-se a aceitar a ideia de o mundo ser um espaço comunitário sem sentido de lugar, a escrita de Aldino Muianga e Paulina Chiziane reivindica precisamente o contrário, num ato performativo de resistência às tendências da contemporaneidade pós-nacional. Com estes dois autores, o sentido primeiro e último da existência, seja ela individual ou coletiva, decorre de um sentido de busca ou de pertença a um lugar determinado e identificável.

Ao lançar como seu livro de estreia, o romance *O Romeu é Chingondo* e a *Julieta Machangane* (2005), a jovem Awaji Malunga realiza, com essa obra, uma recriação de (re)encontro com uma certa tradição, com uma certa contemporaneidade, mas, ao mesmo tempo, um distanciamento instigante ao recontextualizar, à luz de vicissitudes inerentes à realidade étnica moçambicana, o conflito amoroso que em Shakespeare, definitivamente nosso contemporâneo, se desenrola alimentado por ódios familiares.

E aqui a memória literária funciona nos dois sentidos, afinal, como sempre: por um lado, como espaço de legitimação e de legibilidade, por isso, espaço de conciliação de imaginários e, por outro, como resistência a deixar-se ficar e enlevar numa ordem alienadora e imobilizadora.

Conclusão

O processo de reinvenção literária é, como pudemos verificar, um processo de reordenamento da sua contemporaneidade ativando sentidos e alargando, potencialmente, os horizontes culturais de todos os que participam no processo de comunicação literária, isto é autores, leitores, críticos, promotores, livreiros, etc.

Se até um determinado momento da sua trajetória essa mesma literatura fez, na sua generalidade, da recriação da contemporaneidade um processo de atestação dos seus limites e das suas possibilidades enquanto território identitário e de sentido de pertença consonante com uma determinada ideia de nação, os apelos de um sentido de pertença global ou transnacional são cada vez mais intensos e incontornáveis.

Numa era em que nos confrontamos com o imediatismo, a aceleração da vida, a massificação de informação e a produção diluviana e o consumismo desenfreado e reverencial da imagem, a literatura, enquanto expressão suprema da galáxia de Gutenberg, vai se tornando inexoravelmente um exercício de contornos arqueológicos e, por isso mesmo, um quase anacronismo.

O grande desafio que se coloca, hoje, aos autores nacionais, e não só, é o de realizarem uma síntese estruturante e inspiradora, entre o passado e o presente, entre o local e o universal, isto é, construírem uma literatura que, aberta às dinâmicas do mundo, realize dentro de si as multifacetadas contemporaneidades de que se tece, afinal, o espaço vital em que se desenvolve.

E gostaria de terminar como comecei: com Shakespeare. Melhor, com Hamlet, quando afirma: "Estes tempos são loucos. Oh, sorte maldita, que eu jamais tenha nascido para os endireitar". E eu diria, sorte bendita pelo privilégio de os poder viver e tentar compreendê-los, esses tempos loucos. Agora e sempre.

Maputo, março de 2008.

Referências

APPADURAI, Arjun. *Après le colonialisme. Les consequences culturelles de la globalization*. Paris: Payot, 2001.
CRAVEIRINHA, José. *Karingana Ua Karingana*. Maputo: INLD, 1982.
ELIOT, T. S. *Ensaios de doutrina crítica*. Lisboa: Guimarães Editores, 1997.
FABIAN, Johannes. *Time and the Other. How anthropology makes its object*. New York: Columbia University Press, 1983.
KNOPFLI, Rui. *Memória consentida. 20 anos de Poesia 1959/1979*. Lisboa: Imprensa Nacional, Casa da Moeda, 1982.
KOTT, Jan. *Shakespeare, Our Contemporary*. New York: W. W. Norton & Company, 1974.
LABAN, Michel. *Moçambique – Encontro com escritores*. v. 1, Porto: Fund. Eng. António de Almeida, 1998.
MEIGOS, Filimone. *Globatinol – (antídoto) ou o Garimpeiro do Tempo*. Maputo: UEM, 2002.
SHAKESPEARE, William. *Complete Works*. Glasgow: Harper Collins Publishers.

Arte, estética e ética:
a possibilidade de existir[3]

Introdução

Qualquer um dos três termos que me foram propostos como tema para esta apresentação seria, só por si, suficiente, para nos ocupar durante dias, meses e anos a fio sem nenhuma garantia de que chegássemos a conclusões plenas e satisfatórias. Para comprová-lo, bastar-nos-ia rastrear o curso de cada uma dessas palavras para nos apercebermos da quase interminável lista de autores e obras que, durante séculos, se têm debruçado na escalpelização dos sentidos e das problemáticas que a arte, a estética e a ética têm suscitado.

Reside aí, por conseguinte, grande parte da complexidade que estes vocábulos apresentam, tanto na sua amplitude semântica, como na sua incontroversa historicidade.

Deste modo, tendo em conta as determinações de tempo e de espaço que regem a reflexão que vamos aqui desenvolver, decidi circunscrevê-la às articulações ou interações que podem ser entrevistas entre essas três dimensões e que aqui abordamos colocando as seguintes questões: A arte pode existir fora de um sentido ético? A arte é, porventura, o reino exclusivo da estética? Qual o lugar da estética na vida moral e na existência em geral? A arte, a estética e a ética são valores universais? Como a arte rein-

---

3   Oração de Sapiência. In: V Jornadas de Ética do *Instituto Superior Maria Mãe de África* (ISMMA). 6 maio 2008.

venta hoje a dimensão estética? Numa era de aceleradas e profundas transformações, como as que se verificam hoje, no mundo, em Moçambique, especialmente, como interagem a arte, a estética e a ética?

Será, pois, no desdobramento destas questões que se irá situar, fundamentalmente, esta abordagem que mais do que dar respostas, do gênero das que aparentemente nos preenchem e nos tranquilizam, irá certamente, espero, aumentar as nossas inquietações e as nossas interrogações em relação ao mundo que nos rodeia e ao que se esconde dentro de nós.

A arte: existir ou não fora de um sentido ético

Esta poderá parecer uma questão redundante, se tivermos em conta o sentido que a arte possui, enquanto criadora de valores e enquanto significativo processo de superação ou de transcendência de entre todas as criações humanas. No entanto, são múltiplos os exemplos que denunciam uma relação nem sempre pacífica, nem sempre automática entre a arte e a ética.

A segunda metade do século XIX, em França, é um período exemplar sobre as relações conturbadas e controversas que se têm estabelecido, ao longo da história, entre a criação artística e a vida moral. Assim, quer no movimento que ficou conhecido como "arte pela arte", em que alinham escritores como Baudelaire, Flaubert, Guy de Maupassant, Mallarmé, Verlaine e Rimbaud, quer no Expressionismo, em que se destacam, entre outros, pintores como Degas, Cézanne, Monet, Renoir ou Matisse, encontraremos atitudes extremadas que traduziam não só um enorme desencanto em relação à sociedade da época, em particular à moral burguesa, bem como um forte protesto contra os modelos artísticos então dominantes.

Defendendo ideias provocatórias do gênero "é com bons sentimentos que se faz a má literatura", ou "o prazer aristocrático de desagradar", tanto os que ficaram conhecidos sob a legenda de "poetas malditos" como os poetas impressionistas fecharam-se, segundo Ernst Fischer (1963: 85), num "individualismo céptico, não militante, de evasão [...] sem intenção de mudar o mundo e para quem uma mancha de sangue não significa mais do que uma mancha de cor e uma bandeira vermelha não mais do que uma papoila num campo de trigo".

Aliás, segundo o poeta Mallarmé, "um poema consiste não em pensamentos mas em palavras". Esta vertente estética da "arte pela arte" dá aparentemente corpo ao princípio kantiano que considera que a arte é uma finalidade sem fim. Isto é, a criação artística não deveria ser um espaço de intermediação de outras dimensões, de outras realidades, senão unicamente da dimensão estética.

Além da negação de qualquer compromisso ético e social, a "arte pela arte" adotada pelos simbolistas franceses não só manifesta a decadência e a fragmentação da sociedade, mas também o processo de desumanização do mundo, e em certa medida, da própria arte. Aliás, sobre este último aspecto temos a emblemática obra de Ortega y Gasset, sugestivamente intitulada *A Desumanização da Arte* (2003), em que acaba por revelar um fascínio ambíguo pela arte moderna naquilo que representa de cisão entre ela e a vida, entre o homem e o artista, entre a realidade social e a fruição estética.

Uma das mais exacerbadas expressões dessa ruptura entre o estético e o social situa-se, por exemplo, nos manifestos futuristas dos diversos movimentos vanguardistas do início do século XX, como o Dadaísmo, o Cubismo ou o Surrealismo. Numa atitude ostensiva, polêmica e com claro sentido de provocar escândalo público e choque temos o caso do poeta italiano, Marinetti, que faz uma apologia despudorada da guerra, no seu *Manifesto Futurista*:

> ... a guerra é bela porque fundamenta o domínio do homem sobre a maquinaria subjugada... A guerra é bela porque inaugura a sonhada metalização do corpo humano. A guerra é bela porque enriquece um prado florescente com as orquídeas de fogo das metralhadoras. A guerra é bela porque reúne numa sinfonia o fogo das espingardas, dos canhões... A guerra é bela porque cria novas arquitecturas...

Muito do sentimento crepuscular que assaltava as consciências intelectualizadas e artísticas na transição do século XIX ao século XX, no Ocidente, procedia da percepção do fracasso do ideal do Progresso e de felicidade prometido pelas revoluções liberais e pela Revolução Industrial.

Por outro lado, movimentos como o Iluminismo e o Romantismo que tinham trazido ideias inovadoras sobre o papel dos intelectuais e dos artistas no processo de reforma social, política, ética e cultural, acabaram por deixar expostas, simultaneamente, as potencialidades e a precariedade da condição humana.

As artes, em geral, e a literatura, em particular, foram, mesmo assim, fazendo desfilar as angústias, as perplexidades, as indefinições, as oscilações, as contradições e a solidão vividas interiormente pelos sujeitos que, depois da rebelião prometeica que desencadearam contra os poderes instalados e cristalizados, intentavam instituir uma nova ordem existencial.

Obras como *Fleurs du Mal*, de Baudelaire, *Madame Bovary*, de Flaubert, *A Comédia Humana*, de Balzac, são bem reveladoras de como a arte pode desenvolver uma atitude questionadora em relação à ética. Ética aqui entendida na sua acepção mais genérica enquanto dimensão inerente a todas as sociedades, conjunto de obrigações, costumes, leis, proibições, usos e conveniências passíveis de sanções ou de emulação e que traduzem a responsabilidade do homem sobre si próprio e sobre os outros homens.

No mesmo sentido, inscreve-se o pensamento filosófico da época com as tonalidades existencialistas do dinamarquês Kierkegaard, ou pessimistas do alemão Schoppenhauer ou iconoclastas e radicais de um Nietzsche. Este, ao escrever obras como a *Genealogia da Moral* e *Para Além de Bem e Mal*, mais não faz do que exprimir superiormente o estado de espírito de uma sociedade em busca de si própria, perdidos que estavam os referenciais éticos como garante de ordem e de estabilidade.

Curiosamente, o século XIX, como acabamos de verificar, tal como o movimento modernista no início do século XX, acabam por ser representativos, pelas interações e tensões que se reconhecem entre a ordem artística e a ordem ética, de que por mais esforçado que seja o distanciamento em relação à realidade social, por mais introspectiva que uma obra seja, e que por mais agarrada que ela esteja aos materiais que a constituem, as questões inerentes à existência humana, tanto do ponto de vista individual, como coletivo, acabam por impor-se. Daí que para Jean-Paul Sartre (1993: 69), se bem que a arte seja uma coisa e a moral outra, no fundo do imperativo estético nós vislumbramos o imperativo moral.

Assim será, de modo quase enfático, com o movimento realista-naturalista, ao dissecar os vícios morais da sociedade europeia do século XIX; assim será com o realismo socialista russo, exprimindo o compromisso dos artistas com o ideário da revolução, nas primeiras décadas do século XX; assim será com o neorrealismo europeu e latino-americano, ao denunciar, através do cinema e do romance, as injustiças sociais e os dramas dos trabalhadores rurais e urbanos; e assim será com as literaturas africanas que, emergindo em plena vigência da dominação colonial, não só se insurgem contra a imoralidade dessa situação, mas também encontram na arte, em geral, e na escrita, em particular, um espaço de reivindicação identitária, cultural e ética.

Atendo-nos àquela que parece ser a especificidade da arte africana, quer por condicionalismos históricos, quer pela visão do mundo do homem e do artista africano, vemo-lo profundamente atracado ao meio em que se insere. Meio esse que estruturando poderosamente os mundos que inventa, torna difícil que olhemos para as suas criações artísticas dissociando-as dos contextos em que elas surgem onde intervêm elementos, entre outros, de natureza cultural, ética, religiosa e política.

Para dar maior densidade à temática que tem a ver com o impacto dos imperativos éticos no âmbito artístico, é importante recuar às primeiras tentativas de sistematização da produção artística que aconteceram, há cerca de dois mil e quinhentos anos, na Grécia Antiga, com Platão e Aristóteles. Se o primeiro via na Arte, sobretudo na poesia, uma forma demoníaca que arrebatava e possuía os poetas levando-os a criar a ilusão da realidade, e a tornarem-se, por isso, um perigo para a estabilidade da *polis*, a cidade-estado grega, para o segundo, a imitação era uma condição intrínseca à arte e que devia concorrer para a moralização da sociedade. Um gênero nobre, como a tragédia, por exemplo, devia provocar no público sentimentos de terror e de piedade que, por sua vez, deviam concorrer, através da catarse, para a purificação das almas.

Estas reflexões pioneiras sobre a produção artística deixaram sedimentos que, com maior ou menor intensidade, irão, ao longo dos tempos, cruzar as interpretações e o entendimento sobre a relação entre arte e ética. Por outro lado, uma maior elucidação sobre esta relação passa obrigatoriamente por uma melhor percepção da função, da norma e do valor estéticos inscritos na arte, em particular, e da vida, em geral.

Da arte e da função estética: exclusividade ou predomínio

Entre as múltiplas funções desempenhadas pela arte, seja ela social, lúdica, cultural, política ou ética, é, sem sombra de dúvidas, a função estética que se institui como dominante. Se é verdade que a função estética pode estar presente em variados contextos extra-artísticos como sejam o vestuário, a alimentação, o mobiliário, a construção civil, indústria automóvel ou aeronáutica, etc., o que determina que uma dada realidade seja considerada arte é a sobreposição da função estética. Isto é, podemos dizer que tudo que é artístico é necessariamente estético, embora o contrário não seja verdadeiro, pois os elementos estetizantes estão presentes, como referimos, em múltiplos âmbitos da vida e da natureza.

No que concerne à natureza, quantas vezes, perante paisagens surpreendentes, através da contemplação e dos nossos movimentos perceptivos, não experimentamos sensações estéticas únicas e dificilmente traduzíveis? Entretanto, existe, hoje, uma linha do pensamento estético que tem vindo a afirmar-se distanciando-se da perspectiva contemplativa da natureza. Tendo como figura de proa, o americano Arnold Berleant, este inovador posicionamento teórico defende que a natureza deve deixar de ser vista como uma realidade estática e que a atitude contemplativa do homem deve ser substituída por uma atitude participativa e responsável.

É, pois, neste sentido, que se recorre ao termo "ambiente" para realçar, segundo Adriana Veríssimo Serrão, da Universidade de Lisboa, o envolvimento multiforme da existência humana, em que concorrem formas naturais, mas também os elementos invisíveis (químicos e atmosféricos) que os enquadram, e ainda toda a envolvência constituída por elementos culturais e artificiais. Portanto, nesta linha de pensamento, confrontar-nos-íamos com um belo natural que implica um envolvimento da sensorialidade integral do ser humano, a que se acresce conhecimento e uma posição ética. A estética do ambiente, como vemos, é um excelente exemplo de como a estética, enquanto movimento íntimo e participativo, se pode casar com a ética ao ensinar-nos a sentir, a ver, a perceber e a valorizar a natureza.

Regressando à questão sobre a exclusividade ou prevalência do estético na arte, somos agora obrigados a deter-nos sobre o sentido, ou os sentidos, que o termo comporta.

Apesar de a palavra ser mais ou menos recente – ela surge com o alemão Alexander G. Baumgarten, com a publicação da obra *Aesthetica*, em dois volumes, entre 1750 e 1758 – a discussão conceitual e filosófica sobre a estética começa na Antiguidade Clássica, com os já referidos Platão e Aristóteles, ao debruçarem-se sobre a essência e as virtualidades da beleza que associavam às ideias do amor, da virtude, da verdade, da simetria, da grandeza e da ordem. A estética cruzava-se aí obrigatoriamente com a lógica e com a ética.

Ao longo da história, e tendo quase sempre a filosofia como suporte ou como aliada, as reflexões sobre a estética colocaram a arte como a sua suprema realização. Por outro lado, foi quase sempre na conjugação entre o racional e o sensorial, com claro pendor para este último, que a dimensão estética foi, cada vez mais, sendo destacada.

Uma interrogação que se deve colocar nos nossos espíritos é: porque é que as grandes formulações teóricas sobre a estética foram e são feitas pelos filósofos? A resposta, julgamos nós, estará no fato de que a dimensão estética, o belo, encerrar o que existe de mais profundo e mais enigmático, o incomensurável, se quisermos, das percepções humanas.

Quem superiormente exprime a profundidade, a complexidade e a grandeza do estético é, por exemplo, Umberto Eco (2005: 92), quando confidencia:

> Os conceitos estéticos só começaram a interessar-me a partir do momento em que me apercebi das suas raízes existenciais; em que os entendi como conceitos existenciais; porque as pessoas, sejam elas simples ou requintadas, inteligentes ou estúpidas, são constantemente confrontadas nas suas vidas com o belo, o feio, o sublime, o cómico, o trágico, o lírico, o dramático, a acção, as peripécias, a catárse, ou, para falar de conceitos menos filosóficos, a apatia, o *kitsch* ou o banal; todos esses conceitos são pistas que conduzem a diversos aspectos da existência e que não são acessíveis por qualquer outro meio.

Para Emmanuel Kant, por exemplo, o estético, o belo, resulta do acordo entre o intelecto e a imaginação, a sensibilidade e a inteligência, o particular e o geral. Para ele, ainda, a satisfação estética só é possível se for gratuita, desligada de qualquer interesse, utilidade ou finalidade. Portanto, para ele o belo existe como um fim em si, daí o seu entendimento de a arte ser uma finalidade sem fim.

Quando rastreamos as diferentes concepções estéticas e que se materializam em realizações artísticas concretas, apercebemo-nos que elas representam três diferentes lógicas: a primeira, a *lógica do desinteresse* aqui defendida por Kant, e que de certo modo pode ser exemplificada pelo movimento da "arte pela arte", que institui, segundo Walter Benjamin (1992: 83), uma espécie de teologia da arte, uma teologia negativa na forma de arte "pura" que recusa não só qualquer função social da arte, mas também toda a finalidade através de uma determinação concreta.

Há, contudo, um mérito que deve ser reconhecido à opção da "arte pela arte" que foi, precisamente, a de ter reivindicado e consagrado a autonomia da obra de arte. Acontece, porém, que essa autonomia, entendemos nós, é mais vincada quanto maior for a interação que a obra de arte estabelece com outros domínios.

A segunda lógica é a *do compromisso*, presente nas obras artísticas realistas, neorrealistas e nas de pendor revolucionário ou nacionalista que podem ser encontradas em diferentes épocas e lugares, sobretudo acompanhando os processos de autonomização das nações latino-americanas e africanas.

Finalmente, a terceira, a *lógica da provocação* que se reconhece nos movimentos de vanguarda, como vimos, o Futurismo, o Dadaísmo e o Cubismo. A lógica estética da provocação surge sempre prenunciando rupturas, muitas vezes radicais, com percepções estéticas cristalizadas ou com determinado *establishment* cultural, social, ético ou político.

Como pudemos verificar nos exemplos acima colocados, em todas as realizações artísticas, desde que assumidas como tal, mesmo tendo em conta a existência de um naipe diversificado de motivações e de funções, a função estética surge sempre como dominante. Numa obra intitulada *Escritos sobre Estética e Semiótica de Arte* (1981), o tcheco Jan Mukarowski faz uma análise aprofundada sobre a natureza e a abrangência da função estética que determina, por exemplo, a transposição do artesanato, da fotografia, da liturgia (católica e ortodoxa, especialmente) para o âmbito artístico.

Sem deter caráter de exclusividade, a função estética tem um caráter decisivo na definição da arte. Por outro lado, ela acaba por também estar presente em diferentes dimensões da vida participando das interações dos homens entre si e com o meio circundante seja ele artificial ou natural. Segundo Mukarowski (p. 38),

> A função estética é, pois, muito mais que algo que flutua à superfície das coisas e do mundo – como por vezes se pensa. Ela intervém de modo importante na vida da sociedade e do indivíduo, tomando parte na gestão da relação – não apenas passiva mas também activa – entre o indivíduo e a sociedade, por um lado, e a realidade em cujo centro se situam, por outro.

Serão, pois, os processos perceptivos, em última instância, que tanto o belo artístico como o belo natural desencadeiam no espírito humano, manifestando-se através do efeito e da emoção estética, que irão concorrer para que os seres humanos se realizem numa espécie de autossuperação que os eleva e os singulariza. Mais do que um substituto da vida, a arte é uma amplificação da existência tornando possível aquilo que, de nenhuma outra forma, seria possível. Ela alarga e aprofunda a nossa sensibilidade, as nossas percepções, iluminando os labirintos da nossa vida interior, tornando suportável o insuportável, dando sentido ao que não tem sentido, enchendo de cores, sons e vibrações a imobilidade acinzentada e trivial que nos envolve ou a que reside dentro de nós.

A obra de arte, além de constituir fator de libertação e de emancipação em relação ao supérfluo, no mundo desencantado que construímos, é ela que, em última instância, assegura cintilações de encantamento desse mesmo mundo.

Lembremo-nos, entretanto, que a evolução da reflexão estética que se dá no século XVIII, com Baumgarten e com Kant, coincide com a revolução romântica que substitui a ideia clássica de *mimesis*, pela ideia de criação. Isto é, arte deixa de ser imitação e passa a ser concebida essencialmente como um exercício criativo. A partir daí, quer a importância que o sujeito adquire no processo criativo e perceptivo, quer a relevância que os elementos compositivos, estruturais e temáticos ganham no processo de criação artística concorrem para uma maior liberdade contemplativa, interpretativa e fruitiva.

Por outro lado, vamo-nos confrontando, a partir desse momento, com uma atitude inovadora e revolucionária que vai concorrer para que, *a posteriori*, nos momentos de ruptura ou de grande contestação artística, seja possível acrescentar, de forma quase ilimitada, novos critérios de esteticidade onde passa também a caber o feio, o mau gosto, o insólito, o subversivo. Todos estes elementos impõem-se mais como meios do que propriamente como fins. Digamos que se tratou de uma transformação que assegurou a passagem de uma perspectiva abstratizante e generalizante para um âmbito de realidades estéticas e artísticas concretas que fazem parte do nosso mundo.

E aí, diferentemente do que antes acontecia com a estética clássica, a norma, que é uma espécie de regra geral que tende a ser obrigatória e que deve ser respeitada por todos, acaba por ser sistematicamente violada, pelos criadores, em especial, permitindo o surgimento de novos cânones, novos valores e novos gostos. Tal como o homem, tal como as sociedades, a arte vai-se renovando continuamente, assumindo essa renovação como condição essencial da sua existência e denunciando a contingência das normas e dos valores estéticos. Isto é, não só não podemos falar de normas e valores estéticos universais, como também estes não devem ser tidos como imutáveis. Mesmo as grandes obras de arte tidas como eternas e universais conhecem processos perceptivos e avaliativos adaptativos para assegurarem a sua duração.

É, pois, através desses processos adaptativos, em contextos temporais e espaciais variados, numa permanente educação do gosto, levados a cabo pela cultura, pela família, pela escola, pelas exposições, pela publicidade, pelos museus, pelas bibliotecas, pelos meios de comunicação de massas, pelas feiras, pelos prêmios, pela crítica, enfim, por diversas instituições, órgãos e práticas, que fica garantida a recepção, a perpetuação e a reinvenção do valor da arte, da cultura e, em última instância, da espécie humana enquanto dimensão espiritual.

Numa era de aceleradas e profundas transformações, como as que se verificam hoje, no mundo, e em Moçambique, em particular, qual o lugar e o papel da arte?

Gostaria de começar este capítulo mencionando três exemplos que podem ilustrar, cada um à sua maneira, o papel que a arte, enquadrada no vasto contexto da cultura, pode desempenhar numa sociedade como a nossa.

O primeiro tem a ver com o Mestre Ernesto Missau, velho artesão makonde, radicado em Mocuba, província da Zambézia, que, numa entrevista ao suplemento Cultura do jornal *Notícias*, há cerca de um ano sensivelmente, explicava porque tinha deixado de fazer esculturas, atividade a que, pelo que pude perceber, dedicara praticamente toda a sua vida.

E a explicação vinha em forma de um desabafo extremamente penoso, em que o velho artesão, uma das maiores legendas vivas dessa arte, dizia, no essencial, que tinha abandonado a escultura porque assistia impotente à degradação dos princípios e dos valores que sempre a sustentaram, porque não suportava o desinteresse e o desrespeito a que estava voltada a arte Makonde, quer pelo Estado, quer pela sociedade e mesmo pelos próprios artistas. Com uma enxada ao ombro, dizia que era na agricultura que ele dedicava, agora, todo o seu labor e saber. Sem ter necessidade de ter que se ajoelhar perante ninguém, ou ter que se deixar ficar, de mão estendida. Ou ter que abrir mão da sua dignidade e da respeitabilidade que a arte lhe merecia.

O segundo exemplo que vos trago tem a ver com um nome sobejamente conhecido, por todos nós, cuja figura adquiriu enorme popularidade não só pelas canções que interpretava, mas pelas suas performances em palco: refiro-me a Zaida Lhongo. A inenarrável comoção coletiva e a mobilização de massas desencadeadas pela sua morte e demonstradas dramaticamente no seu funeral terá deixado muito boa gente perplexa, jogando no ar a pergunta: afinal, quem tinha sido aquela mulher?

O terceiro e último exemplo tem a ver com um jovem músico, Azagaia, de seu nome e que, há poucos dias, foi chamado à Procuradoria Geral da

República para ser ouvido, tendo que responder, segundo a comunicação social, a três questões: se a letra da música "Povo no Poder" era sua; se com ela visava atingir algum objetivo e se a letra não incitaria à violência. Voltaremos a estes três exemplos, mais adiante.

Referimo-nos, no capítulo anterior ao fato de a arte africana, no geral, manter uma interação estruturante, dinâmica e inspiradora com o meio em que ela surge. Assim é com as narrativas da tradição oral que, além da sua vocação lúdica e comunicativa, são um meio de perpetuação de valores socioculturais e éticos. Assim tem sido com o teatro, na recriação e na interpelação do quotidiano, tal como a literatura, tal como a música, tal como as artes plásticas, estas levando muito mais longe as suas incursões do ponto de vista mítico e religioso.

Por outro lado, há uma espécie de vocação estética entranhada nas múltiplas ocorrências da vida dos africanos. Um exemplo pode ser encontrado nas canções de trabalho nascidas em condições penosas e adversas como as plantações de algodão nos Sul dos Estados Unidos, nas minas de ouro, na África do Sul, nas roças de café e cacau, em Angola e São Tomé e Príncipe, ou no chibalo, em Moçambique.

Outro exemplo, do já referido povo Makonde que, como é sabido, dissemina o seu apurado e proverbial sentido estético não só entre diferentes objetos artísticos, como esculturas e máscaras, mas em todo o tipo de objetos, instrumentos rituais, cerâmica, arquitetura, etc.

Na verdade, o que essas realidades nos oferecem é a migração contínua e dialética entre a vida e a arte, numa celebração da existência nos seus elementos ao mesmo tempo mais comezinhos e complexos. Daí que a lógica do compromisso sociocultural, ético e político, a que nos referimos no capítulo anterior, parece aí prevalecer nas interações estéticas, em geral, e artísticas, em particular. A estética de desinteresse defendida por Kant, e que caracterizou a segunda metade do século XIX e o primeiro quartel do século XX, não tem certamente ressonância no universo africano dada a filosofia de vida que lhe está subjacente em que o sentido estético se encontra, quase sempre, ancorado em motivações existenciais determinadas e muitas vezes concretas.

Contrariamente à desumanização da arte, no Ocidente, que ocorre segundo Adorno, na medida em que a sociedade se tornava menos humana, a arte africana foi e é uma festa dos sentidos e de um apego visceral à vida. Estaremos, certamente, nesta conformidade, perante o que Wole Soyinka (2000: xii) considera "as virtudes da complementaridade do mundo" do mundo africano em relação a outras culturas.

Olhando para o cenário artístico moçambicano, por exemplo, podemos verificar a manifestação desta lógica, sobretudo enquanto compromisso social ou político, intensamente presente na pintura de um Mankeu, ou de um Malangatana, na já referida arte Makonde, nas esculturas de um Chissano, na poesia de Noémia de Sousa, Craveirinha, Rui Nogar, na prosa de Luís Bernardo Honwana, Aldino Muianga, Paulina Chiziane, Mia Couto ou Ungulani Ba Ka Khosa, nas representações de um Mutumbela Gogo, ou dos vários grupos de teatro comunitário, nos ritmos populares quer da velha guarda, com Francisco Mahekwane, Xidiminguana, Alexandre Langa, ou das novas gerações, com particular destaque dos jovens *rappers*.

Retomando o primeiro exemplo citado no início deste capítulo, do Mestre Missau, se por um lado traduz o eterno conflito de gerações, ou a inadaptação em relação à modernidade, por outro lado, ele é revelador de um profundo sentido ético que se encontra indissoluvelmente aliado a uma ideia, ou ideal, de fazer e de estar na arte e na vida. De uma coerência extraordinária, esta é uma lição de que independentemente de todas as contingências e de todas as atribulações que a vida nos coloca, tanto ela como a própria arte são regidas por códigos de valor que explicam a sua universalidade e perenidade, enquanto lugar de grandeza, elevação e dignidade. Se é verdade que o espírito que cria, o artista, não tem que necessariamente coincidir com o autor empírico, isto é o homem de carne e osso, a arte e a cultura só beneficiam quando eles não colidem.

Tendo feito da provocação, através de toda uma gestualidade prenhe de um erotismo exuberante, que perturbou conjuntamente as normas estéticas e éticas, a já desaparecida Zaida Lhongo acabou por unir as mais dispersas sensibilidades, numa manifestação fúnebre sem precedentes, no país, em relação a um artista, demonstrando que a sua irreverência acabou por ter um efeito transformador e mobilizador, quebrando preconceitos e desbravando caminhos que outros tentam, hoje, percorrer, mas sem o mesmo *glamour* e genuinidade.

A recriação da sua música e das suas letras pelas novas gerações é um sinal revelador da sua permanência e, sobretudo, de que todas as transgressões de que ela foi protagonista, foram meios e não um fim em si. E os que não entenderam esse detalhe jamais perceberão a grande artista que ela foi. E acredito que parte significativa do seu sucesso residirá no apelativo desencontro entre, por exemplo, o apelo moralista das letras que cantou e a teatral e despudorada provocação que exibiu.

Finalmente, o exemplo do jovem Azagaia serve, possivelmente, para desfazer alguns dos equívocos que levam muitos, sobretudo os mais velhos, a insurgir-se contra a irresponsabilidade e indiferença dos jovens em matéria de sensibilidade e percepção das realidades do país e do mundo. Concordo que dificilmente se pode recusar a pertinência da amarga apreciação sobre o valor artístico dos muitos sobreprodutos culturais que têm sido produzidos, promovidos e consumidos entre nós, ou sobre as fragilidades formativas de alguns pseudoartistas que inundam os palcos por esse país fora, ou sobre a ausência de conteúdo do que se ouve e que se pretende ser arte.

Enquanto elevação espiritual do homem, a arte dispensa o exibicionismo rasca, o espalhafato, a cacofonia e a obscenidade gratuita, e a gritaria irracional e todas as formas de imediatismo, populismo, pedantismo e superficialidade.

A arte, a arte de verdade, apela à sensibilidade, à inteligência, à fruição, à profundidade, à iluminação, à edificação interior e a um prazer quase sem limites.

No entanto, tem-se assistido, no meio da agitada e ruidosa turbulência que caracteriza as novas gerações, um duplo fenômeno revelador de um sentido estético singular, por um lado, e de um sentido ético, por outro, que tem vindo a ganhar forma e impacto. O primeiro liga-se à preocupação real e estimulante, por parte de alguns desses jovens, de recriar ritmos tradicionais conciliando-os com outros, tomados de empréstimo na arena internacional.

E este movimento simbiótico envolve, sintomaticamente, o campo linguístico o que leva esses mesmos jovens a cantarem numa língua que não coincide necessariamente com a língua ou as línguas que usam na sua comunicação quotidiana.

O segundo fenômeno tem a ver com a veia inconformada e interpelativa de alguns jovens músicos moçambicanos que, sobretudo através da cadência do *rap* e do *hip hop*, fazem passar mensagens de uma profundidade e de uma ousadia inusitadas no nosso meio.

Consciente ou inconscientemente, eles acabam por inscrever-se numa tradição, de longa data, dentro e fora do país, que assume a arte como um mecanismo de afirmação e de compromisso social, através da denúncia e de uma atitude inconformada em relação a situações que gostariam que mudassem o que naturalmente perturba os poderes instituídos.

Se o exemplo de Mestre Missau e, de certo modo, o de Zaida e de muitos outros artistas de qualidade reconhecida traduzem a indiferença com que esses mesmos poderes lidam com a arte, e com a cultura, em geral, o caso do jovem Azagaia acaba por revelar precisamente o contrário, só que num sentido perverso e anacrônico.

Essa é e foi sempre a vocação da arte. Da simples contemplação ou da simples dimensão lúdica ela se institui também como sintoma e como consciência crítica e ética das sociedades concorrendo para a sua transformação e para a sua evolução. E cabe a essas mesmas sociedades, sobretudo os que regem os destinos delas, decidir se aceitam, ou não, essa transformação.

Conclusão

Gostaria de concluir esta minha exposição, regressando ao filósofo alemão Theodor Adorno da conhecida Escola de Frankfurt.

Primeiro, para recuperar uma questão que ele coloca na sua obra *Teoria Estética: se a arte ainda é possível, se após a sua completa emancipação ela não eliminou e perdeu os seus pressupostos*.

Segundo, para agarrar-me a uma afirmação sua de que, *quanto mais se compreendem as obras de arte, tanto menos se saboreiam*.

Se em relação à primeira questão, entendo que, enquanto expressão humana, a arte será sempre um campo inesgotável de todas as possibilidades. Da vida e da morte. Da grandeza e da precariedade. Da convicção e da incerteza. Do conformismo e da irreverência. Do amor e do ódio. Da virtude e do vício. Da ordem e da transgressão. Do encanto e do desencanto.

Agora, até que ponto ao tentar compreender uma obra se reduz o prazer que ela proporciona? Esta é uma questão que deixo em aberto. Deliberadamente. Não nos esqueçamos de que a arte é, afinal, o reino de todas as possibilidades. Sobretudo, a possibilidade de existir.

Referências

ADORNO, Theodor. *Teoria estética*. Lisboa: Edições 70, 2006.
BARILLI, Renato. *Curso de Estética*. Lisboa: Editorial Estampa, 1994.
BERLEANT, Arnold. *The Aesthetics of Environment*. Philadelphia: Temple University Press, 1992.
FISCHER, Ernst. *A necessidade da arte*. Lisboa: Editora Ulisseia. [s.d.]
GASSET, José Ortega y. *A desumanização da arte*. 3. ed. Lisboa: Vega, 2003.
KUNDERA, Milan. *A cortina*. Porto: Edições ASA, 2005.
LEVINAS, Emmanuel. *Ética e infinito*. Lisboa: Edições 70, 1988.
MARCUSE, Herbert. *A dimensão estética*. Lisboa: Edições 70, 1999.
MUKAROWSKI, JAN. *Escritos sobre Estética e Semiótica de Arte*. Lisboa: Editorial Estampa, 1981.

SARTRE, Jean Paul. *Qu'est-ce que la Littérature?* Paris: Éditions Gallimard, 1993.
SERRÃO, Adriana Veríssimo. "Pensar a Natureza a partir da Estética". Coimbra, 10-11 fev. 2005: http://www.apfilosofia.org/area-de-socios/comunicacao-apf/pensar-a-natureza-a-partir-da-estetica
SOYINKA, Wole. *Myth, Literature and the African World.* Cambrige: University Press, 2000.

O sortilégio do conto:
entre o fragmento e a totalidade[4]

Introdução

A dualidade que opõe a parte ao todo deve ser seguramente uma das que mais discussões tem alimentado ao longo da história do pensamento humano. Outras confrontações dicotômicas como, por exemplo, objeto vs. ideia, concreto vs. abstrato, ou representação vs. mundo, não parecem ser mais do que derivações da dualidade apontada de início. E é justamente nesta última, em que a linguagem aparecendo como uma parte, ou fragmento da realidade e que remete a outras totalidades, onde encontramos um filão interminável de posicionamentos com as mais variadas motivações: filosóficas, religiosas, científicas, culturais, literárias, etc.

Traduzindo, de forma aguda, a percepção desta dicotomia, o poeta e ensaísta venezuelano, Rafael Fauquié (1993: 2), defende que "lo fragmentario seria el reflejo de algo que quizá la mayoría de los escritores perciben, hoy, como la mayor de las desmesuras: nombrar la realidad. La realidad no puede ser nombrada sino fragmentariamente".

Tanto a palavra poética, em particular, como literária, em geral, impõem-se, assim, como apreensões, ou tentativas de apreensão, de uma totalidade sem contornos facilmente delimitáveis e que, na falta de melhor qualificativo, chamamos realidade. O que acaba, de certo modo, por concorrer para que o fragmento, o texto, portanto, incorpore, ainda que

---
4   In: Colóquio *A Narrativa Breve – o conto lusófono*. Universidade de Aveiro, 26 set. 2008.

potencial e simbolicamente, aspectos essenciais dessa mesma realidade. Daí que, metafórica ou metonimicamente, o texto literário vai sempre emergir como representação ou recriação de dimensões determinadas da totalidade. Se quisermos, tratar-se-á de fragmentos que se instituem como utopia do todo.

Esta discussão adquire matizes particulares quando se tem o conto como objeto, especialmente quando se procura perseguir a sua especificidade como gênero, por um lado, e no confronto com outros gêneros, por outro. Por exemplo, em relação ao romance, o conto, dada a sua natural brevidade estrutural e de enredo, vinca, de forma acentuada, a sua condição de fragmento.

Na sua realização como representação do mundo, o que o conto invariavelmente acaba por fazer é questionar a própria ideia de totalidade. A vida é, *per* si, uma totalidade ou uma difusa constelação de totalidades? Se aceitarmos a segunda possibilidade, o conto afirmar-se-ia, do ponto de vista quer dos seus dispositivos constitutivos quer do sentido que ele projeta, como uma expressão singular de uma ideia de totalidade.

Pela necessidade intrínseca de ser breve, o conto tende para o geral. Isto é, ele gera ou assume-se como uma iluminação instantânea que leva o leitor a subitamente entender o todo, como texto ou o todo como aquilo para que ele nos remete.

Em *Totalidade e Infinito* (1988), por exemplo, Emmanuel Levinas, tendo como referência o imaginário ocidental, considera que, por o indivíduo não ter vencido aí a angústia da morte e não ter renunciado ao seu destino particular, a ideia de totalidade torna-se aí questionável. Daí que se institua uma espécie de *nostalgia da totalidade* que se verifica na explosão e consagração dos diferentes sistemas: filosóficos, políticos, éticos, etc. Isto é, tratar-se-ia, segundo ele, de formas sublimatórias ou substitutivas de uma totalidade real que aparece como perda ou como pecado do espírito.

É, pois, neste âmbito, que podemos considerar que no conto, enquanto representação de um acontecimento extraordinário, na linha das narrativas fantásticas, ou enquanto representação de um simples acontecimento, mesmo que esteja subjacente, em qualquer dos casos, uma mensagem englobante ou moralidade, o que sobressai, no essencial, é o destino individual da(s) personagem(s).

Tal pode, à partida, ser reconhecido em grande parte das narrativas do ocidente ou no conto latino-americano, por exemplo, em Jorge Luis Borges ou em Machado de Assis. Também aqui, o conto aparece como fragmento que representa uma possibilidade de totalidade em que os destinos individuais se impõem de modo marcante, confirmando a ideia seminal de a modernidade ter instituído e consagrado o primado do indivíduo ou, como refere Alain Touraine (1998: 74), o individualismo universalista que caracteriza o pós-Iluminismo.

Vejamos, de seguida, como a intervenção de outras lógicas e o enquadramento em determinados contextos podem gerar outras virtualidades na relação entre a parte e o todo. Referimo-nos ao conto de matriz africana.

O conto africano e o sentido comunitário

Um dos aspectos que tem sido frequentemente referenciado por vários estudiosos sempre que se procura explicar a ordem existencial dos africanos é o que se prende com a sobreposição do sentido comunitário da vida sobre o indivíduo. É o que afirma, por exemplo, Pieter Coetzee (2004: 275-276) quando concede que objetivos comuns não podem ser postos de lado ou negados visto que têm um peso e um valor maior na vida da comunidade do que outros fins.

Por seu lado, Kwasi Wiredu (2004: 289), a partir da observação do povo Akan, no Gana, infere a total dependência do sujeito em relação aos outros de tal ordem que conclui que, para os africanos, o ser humano é parte do todo social.

Para Kwame Gyekye (2004: 289), que encontra pontos de interação e de implicação mútua entre o indivíduo e a comunidade em que se insere, não existem dúvidas de que o *ethos* comunitário da cultura africana ecoa nas obras de alguns escritores africanos. Claramente, portanto, as estruturas sociais africanas com a sua subjacente filosofia ético-social, foram e ainda são profundamente comunitárias.

Apesar de este sentido comunitário, ou, se quisermos, de totalidade, ter sofrido abalos e redimensionamentos provocados pela ordem avassaladora da modernidade tecnológica e cultural assimilada, quando não imposta, a partir dos centros difusores do Ocidente, não deixa de ser reconhecível, mesmo que de forma residual, e em nível de práticas do quotidiano, do imaginário e das criações artísticas, a sobrevivência de uma ideia de totalidade atracada a formas tradicionais de existência.

Isto é, no conto literário africano, onde ainda se observa a ressonância de elementos estruturantes de convivência social, de marcas profundas de oralidade, de práticas de partilha de espaços e de bens, e de consciência de pertença a um destino comum, o sentido comunitário da existência impõe-se de forma mais ou menos marcada. Vejamos, como o conto moçambicano traduz esta percepção.

No conto "O Totem" (2003) de Aldino Muianga, temos a representação de uma desordem familiar, microcosmos de uma desagregação social mais vasta, desencadeada pela quebra, por parte da matriarca, a velha Djimana, de uma interdição secular que impedia o consumo da carne de animais cujos nomes coincidiam com os apelidos de família. É, pois, diante das enormes perturbações que tomam de assalto a família, como sejam desavenças, pesadelos, doenças, que o filho mais velho da avó Djimana, recém-regressado das minas da África do Sul e depois de consultados os curandeiros, explica à própria mãe:

> Ensinaram-me os sábios do Rand [África do Sul] que todos provimos duma família. E que cada família tem o seu deus, aquele que protege todos os membros dos malefícios e lhes assegura o bem-estar e a felicidade. Todos aqui pertencemos à linhagem Khondzo, a primeira em todo o território de Ntsilene a ufanar-se pelo prestígio, pela inteligência e pelo sucesso dos seus filhos. E Khondzo – o rato – é o nosso símbolo, o animal que nos representa no concílio dos deuses, aquele que vela pela nossa continuidade e prosperidade. (p. 41)

E a maldição que se abate sobre a família Khondzo começa exatamente quando sistemática e sacrilegamente a velha Djimana começa a dedicar-se ao consumo dos roedores selvagens.

O que importa reter, sobretudo a partir deste conto, é que à imagem das narrativas orais africanas onde o sentido de totalidade é acentuado por uma moralidade implícita nos próprios acontecimentos, o conto de Aldino Muianga recria uma realidade em que o centro desses mesmos acontecimentos não é o indivíduo, não é propriamente a comunidade no seu todo, mas sim a família, enquanto expressão e projeção de uma ordem existencial mais vasta.

Em "Saíde, o Lata de Água" (1987) de Mia Couto, assistimos a um drama que, protagonizado por Saíde, acaba, neste caso, por retratar, de forma trágica, não só a dependência, mas também as tensões entre o indivíduo e a comunidade. Aquele é obrigado a mascarar uma realidade que não existe mais, fingindo todas as noites bater na mulher, Júlia, de modo a fazer crer à comunidade que ainda está com ela, e que a sua família, apesar de tudo, se mantém intacta. Desmascarado por uma das autoridades do bairro, o chefe do quarteirão, depois de mais uma teatralização de violência doméstica com gritos e objetos derrubados, Saíde é obrigado a confessar:

– Eu faço isto não sei porquê. É para vocês pensarem que ela ainda está. Ninguém pode saber que fui abandonado. Sempre que bato não é ninguém que está por baixo desse barulho. Vocês todos pensam que ela não sai porque sofre da vergonha dos vizinhos. Enquanto não... (p. 105).

Saíde é um homem torturado por dois opróbrios: primeiro, o da sua infertilidade, o que o leva a chegar a um acordo com a mulher para que ela se deixasse engravidar por outro homem; segundo, o ter sido abandonado pela mulher que já não suportava a sua insistência, quebrando o trato firmado *a priori* entre ambos, ao querer saber o nome do pai da criança que a mulher transportava na barriga.

Este é um conto que mais do que evidenciar o drama interior de um indivíduo, coloca o leitor perante o lado perverso e aniquilador da vida em comunidade naquilo que ela impõe como preceitos e como valores. E a coesão familiar, mesmo sob um prisma vicioso é, seguramente, um desses valores.

Em "Aconteceu em Saua-Saua" de Lília Momplé, Mussa Racua vive o tormento de ter que, pela segunda vez, ser enviado para a vida dura das plantações fato que lhe valera, antes, a perda da primeira mulher. Agora a possibilidade de ver a família que, entretanto reconstituíra, desfazer-se novamente, pela ação implacável das autoridades coloniais, torna-se simplesmente insustentável:

– Não, não posso aguentar outra vez tanto sofrimento – pensa ele – há outros que aguentam, mas eu não posso. É melhor morrer. Não acordar nunca mais. Não ser mais um animal. Não voltar mais a casa e ver que a minha mulher foi com outro homem. (p. 18)

Parece, pois, ser mais a iminência de uma vez mais ver a sua família desagregada do que propriamente as provações por que passará na plantação que levam a que Mussa Racua decida pôr fim a sua própria vida, enforcando-se. Se, por um lado, a sua decisão é individual, por outro, a motivação que a determina prende-se com uma ordem existencial que vai para além do próprio indivíduo.

É num ambiente de tensão ritual e dramática que vemos evoluir mais uma história com contornos trágicos no conto "O exorcismo" (1990) de Ungulani Ba Ka Khosa. Numa narrativa entremeada por arremedos de sátira feroz ao tempo que então se vivia no país e à ideologia dominante e por incursões ao sobrenatural, vemos retratada a história de um exorcismo para trazer de volta Pedro, o filho do administrador local, que desaparecera misteriosamente nas águas do rio que atravessava a povoação.

Desesperado, o pai do infortunado jovem, contra todas as prescrições oficiais vigentes, tem que recorrer a um curandeiro que, por sua vez, envolve toda a comunidade para solucionar o enigma, através de um concorrido ritual coletivo:

> Dizendo isto, e depois de obrigar os homens a voltarem à ancestralidade dos séculos inominados, o curandeiro espargiu líquidos desconhecidos ao longo da margem direita e iniciou, ao som do tantã que rasgou a tarde, a dança primeira e iniciática destes ritos que não têm equivalentes nas culturas de outros mares, acompanhado por dezenas de neófitos que se espalharam, ao longo da margem... (p. 78).

Já em "O regresso do morto" (1989) de Suleiman Cassamo, o autor explora, através da história de Moisés e de sua mãe, os dramas vividos pelas famílias do sul de Moçambique que viam os seus filhos partirem para as minas da África do Sul, de onde regressavam, invariavelmente doentes, ou simplesmente, não regressavam, muitos deles soterrados debaixo de alguma mina que, entretanto, desabara. E aqui, com o regresso inesperado de Moisés, entretanto dado como morto, assistimos com a restituição da verdade, a possibilidade da reposição da ordem familiar.

À luz destes exemplos, podemos, pois, inferir que a contraposição entre um sentido individualista da existência, em que o indivíduo é em si uma totalidade, e um sentido coletivo, em que esse mesmo indivíduo só adquire significado inserido num âmbito comunitário ou familiar, institui-se aí uma dualidade que define dois territórios culturais que, apesar de não totalmente excludentes nem estanques, exprimem mundividências particulares que a arte, em geral, e a literatura, em especial, se têm encarregado de consagrar.

Sem cair necessariamente numa inflexível categorização binária, não podemos deixar de considerar que a coexistência destas duas ordens – apesar de muitas vezes se processar sob o signo do conflito e de uma incompatibilidade estrutural –, permitem cruzamentos e efeitos simbióticos instigantes.

Referimo-nos precisamente à ordem dominada pela modernidade, por um lado, e aquela que se subordina ao sentido comunitário arreigado à tradição, por outro. A incompatibilidade entre estas duas ordens decorre, entre outros, do fato de a modernidade ter instituído o indivíduo como projeto de si próprio.

Entre a totalização e a fragmentação

As narrativas acima referidas permitem-nos afirmar que, no moderno conto africano, sem estarem definitivamente abandonadas quer a necessidade de uma lição moral quer a perseguição de uma ideia de totalidade, o que assistimos é uma transfiguração desses mecanismos decorrentes tanto das mutações da própria sociedade sob o influxo da modernidade, como da adoção de novos dispositivos estético-literários e de opções temáticas, em certa medida, sintonizados com uma ordem cultural dominante.

Discutindo a questão do cânone e dos imperativos formais da criação literária, Earl Miner (1995) aponta expressamente a ortodoxia hegemônica dos padrões culturais do Ocidente que acabam, inevitavelmente, por ditar ou concorrer para a configuração dos modelos de escrita de outras latitudes.

Por seu lado, rastreando a essência e o curso do conceito de conto, Nádia Battella Gotlib (2003), através da evocação dos diferentes teóricos e cultores do gênero como Edgar Allan Poe, Maupassant, Machado de Assis, André Jolles, Vladimir Propp, Anton Tchekhov, Jorge Luis Borges, Julio Cortázar, Clarice Lispector, Horácio Quiroga, mostra-nos, entre outros aspectos, como se evoluiu da narrativa de transmissão oral ao conto escrito, com todas as perdas e ganhos que aí se verificam, mas sobretudo com a consolidação de determinadas características estruturantes. São os casos, por exemplo, dos modos de contar, das técnicas, dos procedimentos e das normas que delimitam um gênero determinado.

Por outro lado, o predomínio de uma lógica do acontecimento sobre a lógica da ação, em que as personagens não fazem o que devem fazer, mas os acontecimentos é que acontecem como deveriam acontecer, acaba, de certo modo, por ser transversal na arte do conto literário. Nos contos dos autores moçambicanos aqui analisados, é possível reconhecer essa prevalência do acontecimento e que parece sobrepor-se à vontade das personagens. Tal é o emblemático caso, por exemplo, em "O exorcismo" de Ungulani, em que todas as ocorrências, discursivas e diegéticas, se verificam à volta "do desaparecimento repentino do filho [do administrador] nas águas que o levaram na tarde de uma quinta-feira" (p. 73). Ou de "Aconteceu em Saua-Saua" de Lília Momplé em que a ida obrigatória para a plantação tem um efeito determinante na conduta e no estado de espírito das personagens.

Outra marca importante do conto é que se procura com o mínimo de meios obter-se ou o máximo de efeitos, ou um efeito determinado com o máximo de intensidade. A este propósito, encontramos a teoria do "efeito único" de Poe e que corresponde à totalização das impressões que o conto provoca ou deve provocar. Em "O regresso do morto", a chegada do Morto à casa de onde saíra anos atrás, sem nunca mais dar notícias, é o ponto à volta do qual centrifugam não só as intensas emoções vividas no conto, mas também as rememorações que dominam fortemente a narração. Por outro lado, este é um conto que magistralmente traduz a fórmula, *mínimo de meios, máximo de impressões*, em que o exercício de contenção e de concentração faz da brevidade um verdadeiro requinte de criação literária.

O efeito perseguido pelo conto corresponde invariavelmente à forma impactante como um acontecimento decisivo se processa e que tanto pode coincidir com o desfecho ou com o meio da história. E a ideia de totalidade torna-se mais premente na direta proporção em que o efeito pretendido no conto gravita, quase sempre, à volta da ideia da essência da condição humana e que se encontra explícita ou sugestivamente incrustada em acontecimentos que têm, muitas vezes, tanto de inesperado como de inusitado.

E a arte suprema do conto, neste aspecto, decorre da capacidade de o autor tornar os acontecimentos inesperados não só para as personagens, mas também para o próprio leitor. Tal é o regresso do Morto, tal é o suicídio de Mussa Racua, tal é a revelação de Saíde Lata de Água de que todo o barulho e todos os gritos que se ouviam em sua casa não eram da esposa, mas sim invenção sua, visto que aquela, há muito, se tinha ido embora.

Enquanto narrativa breve, o conto é obrigado a prescindir da dispersão e a investir intensamente no detalhe o que faz com que os processos de construção, neste gênero em particular, adquiram profundo significado estrutural e semiótico. Para melhor exprimir o ritmo e ilustrar o ambiente em que os acontecimentos se desenvolvem na narrativa, o narrador de "O regresso do morto" vai cirurgicamente colocando frases e expressões como: "Vem arrastando um par de botas sólidas", "Os ossos rangeram como os gonzos de uma porta velha", "mirou a casa, lentamente", "A velha voltou-se, lentamente" ...

Por outro lado, ao rememorar alguns acontecimentos do passado, recorrendo à analepse, a narrativa torna-se ainda mais lenta, o que claramente vem aumentar a carga dramática que a caracteriza. Além da brevidade estrutural, o conto significa tensão, contenção, concentração e condensação não apenas da linguagem, mas também dos próprios acontecimentos.

Quer por ser tributário da tradição oral, quer pelo sentido interventivo e messiânico do escritor africano, o que encontramos nos diferentes contos que fomos analisando é, além de uma crítica, algumas vezes feroz aos costumes, a exploração de um feito último, muitas vezes com tonalidades moralizantes.

Isto é, tendo na vida e na sociedade, a sua grande fonte de inspiração, o autor africano, no recorte que faz dessa realidade, acaba por fazer como que uma devolução apelativa através não só da reinvenção dessa mesma realidade, mas também da carga de moralidade que se abre, à comunidade, como uma realidade que se amplifica em busca de si própria.

Segundo o escritor e ensaísta argentino, Julio Cortázar (Gotlib 2003: 67), é próprio do conto "recortar um fragmento da realidade, fixando-lhe determinados limites, mas de tal modo que esse recorte atue como uma explosão que abre de par em par uma realidade muito mais ampla".

E é essa realidade ampliada que se vislumbra no conto africano que tem claramente como referência uma sociedade holística ou comunitária, real ou imaginária, em contraposição às sociedades individualistas do mundo contemporâneo. Mesmo quando nos confrontamos com a singularização dos seres e da existência na narrativa, essa mesma individualização corresponde mais à fragmentação dos valores, das percepções, das instituições e da sociedade, em geral, do que propriamente a legitimação e consagração de qualquer perspectiva mais subjetiva que caracteriza o mundo e a narrativa ocidental.

Não é, pois, por acaso que a família, afinal tão antiga como a própria humanidade, enquanto microcosmos social e comunitário, está tão presente em qualquer um dos contos que escolhemos para esta reflexão. Se em "O totem", de Aldino Muianga, se reconhece um incontornável sentido moralizador da narrativa, com indisfarçáveis apelos à salvaguarda dos valores, das tradições e dos costumes, em "Aconteceu em Saua-Saua", de Lília Momplé, há uma denúncia e uma condenação a uma ordem política e social insustentável gerada pela dominação colonial.

Por sua vez, tanto no conto de Ungulani e de Mia Couto, respectivamente "O exorcismo" e "Saíde o Lata de Água", o que prevalece é a constatação da degradação de um conjunto de valores que põem em causa a dignidade do ser humano como um todo, mas sempre indissociável de uma dimensão social, de uma dimensão coletiva.

Conclusão

Ler e pensar o conto é seguramente uma das experiências mais desafiantes e mais complexas do ponto de vista da comunicação literária. Para isso contribuirá certamente a sua intrínseca condição de breve iluminação que prolonga uma realidade de contornos muitas vezes ilimitados, quando não difusos, se não mesmo inapreensíveis. Presa de uma elasticidade sempre surpreendente, a leitura do conto é uma experiência do que não está presente. Enquanto exercício fragmentário da escrita, da leitura e da vida, o conto afirma-se como premonição da totalidade para a qual nos remete.

Regressando a Julio Cortázar, diríamos, uma vez mais, que se trata de um fragmento que, ao deflagrar, nos empurra para uma realidade amplificada e que, de modo mais ou menos intenso, convoca as múltiplas e variadas possibilidades da condição humana.

Condição que tem necessariamente a ver com a visão, ou as visões do mundo que subjazem esta arte primordial de retenção do fluxo de existência nas suas inumeráveis realizações. Se o conto moderno traduz superiormente a fragmentação e a solidão fundamental do sujeito produto da modernidade, na arte de contar dos africanos, mesmo sob o aguilhão dessa mesma modernidade, subsistem motivações que resgatam uma envolvente e plurívoca ideia de totalidade. Isto é, o ser humano representado mesmo na sua dimensão mais íntima e subjetiva surge sempre imerso no poderoso manto da totalidade social.

Por conseguinte, quer por força dos apelos da(s) oralidade(s) de que se tece o quotidiano de onde emerge, quer pelo ainda marcante sentido comunitário de existência que evoca, o conto africano é uma alegoria da forma como o fragmento constrói a totalidade seja ela nostálgica ou utópica, seja ela o devir de todas as imprevisibilidades e de todas as provações.

E é aí onde o conto de vocação africana afirma a sua peculiaridade. Ora recriando e repensando modos de existir de um espaço vital onde o ético, o político, o cultural, o religioso e o social se dissolvem num amálgama em constante transformação, ora reinventando a própria tradição de narrar com brevidade, adicionando-lhe elementos únicos e, por conseguinte, emblemáticos.

Referências

CASSAMO, Suleiman. "O Regresso do morto". In: *O Regresso do morto*. Maputo: AEMO, 1989.
COUTO, Mia. "Saíde, o Lata de Água". In: *Vozes Anoitecidas*, 4. ed. Lisboa: Caminho, 1987.
COETZEE, Pieter H. "Particularity in morality and its relation to community". In: P. H. Coetzee and APJ Roux, *Philosophy from Africa*, 2nd ed. Oxford: University Press, 2004.
FAUQUIÉ, Rafael. "Fragmentária voz poética", 1993: http://www.letralia.com/101/ensayo01.htm
GOTLIB, Nádia Battella. *Teoria do conto*, 10. ed. São Paulo: Editora Ática, 2003.
GYEKYE, Kwame. "Person and community in African thought". In: P. H. Coetzee and APJ Roux, *Philosophy from Africa*, 2nd ed. Oxford: University Press, 2004.
LEVINAS, Emmanuel. *Totalidade e infinito*. Lisboa: Edições 70, 1988.
KHOSA, Ungulani Ba Ka. "O exorcismo". In: *Orgia dos loucos*, 2. ed. Maputo: Imprensa Universitária, 1990.
MINER, Earl. "Estudos Comparados Interculturais". In: Marc Angenot (dir.), *Teoria Literária*. Lisboa: Dom Quixote, 1995.
MOMPLÉ, Lília. "Aconteceu em Saua Saua". In: *Ninguém matou Suhura*, 4. ed. Maputo: Edição da Autora, 2007.
MUIANGA, Aldino. *O domador de burros e outros contos*. Maputo: Ndjira, 2003.
WIREDU, Kwasi. "The moral foundations of an African culture". In: P. H. Coetzee and APJ Roux, *Philosophy from Africa*, 2nd ed. Oxford: University Press, 2004.

As literaturas africanas,
valorização do conhecimento e as redes identitárias[5]

Introdução

Abordar a relação entre literatura e conhecimento é sempre motivo de alguma suspeição sobretudo quando nos confrontamos com crenças profundamente enraizadas que colocam a criação literária no âmbito exclusivo da sensibilidade, da subjetividade e da imaginação. Por outro lado, com essa associação, somos inevitavelmente remetidos à já milenar, mas mesmo assim, inultrapassável questão da relação da literatura com o que, teoricamente, lhe é exterior.

Sem recusarmos, em absoluto, tais crenças, aliamo-nos à inferência barthesiana de a literatura ser um espaço onde se disseminam, se dramatizam saberes. Por outro lado, a literatura deve ser vista, em si, como uma forma particular de conhecimento. Isto é, além de ser um lugar onde estão representados diferentes domínios de conhecimento, a escrita literária significa, enquanto produção e enquanto leitura, expressão e experiência de conhecimento: linguístico, técnico-compositivo, estilístico, etc. Trata-se, por conseguinte, de um conhecimento intrínseco ao fazer e à comunicação literários.

Desde as suas origens, a literatura, seja como forma de escrita seja enquanto oralidade, mantém um pacto tácito, necessário e estruturan-

---

5   In: II Congresso Internacional *Relações Culturais Portugal-África: mitos e realidades vivenciais e artísticas*. Covilhã, Universidade da Beira Interior, 26-27 out. 2010.

te com o conhecimento, nas suas múltiplas manifestações, o que tem contribuído para a sua legibilidade e fecundidade. A perenidade da asserção aristotélica de a Literatura ser mais filosófica que a História, por ter como fundamento o âmbito sempre incomensurável do provável, do possível, matiza a sua natureza como lugar onde o conhecimento joga um papel essencial.

Remetendo-nos às literaturas africanas, que são o centro do nosso enfoque particular, em que medida é que elas, que oscilam estruturalmente entre o local e o universal, entre o individual e o coletivo, se afirmam não só como conhecimento específico, mas também como lugar onde se espraiam conhecimentos múltiplos e diversificados?

Por outro lado, como é que esse conhecimento, na sua pluralidade e amplitude, determina ou participa de uma permanente arquitetura identitária que é, ao mesmo tempo, demarcadora de territórios determinados de imaginação e de uma ideia de humanidade?

Estas e outras questões povoam esta reflexão que mais do que pretender fechar-se em respostas tranquilizadoras e conclusivas, procura, numa perspectiva problematizadora, inserir-se numa discussão que vindo muito detrás, denuncia uma inequívoca atualidade.

Conhecimento e literatura

Numa intervenção célebre e que seria transformada num livro sugestivamente intitulado *Leçon* (1978), Roland Barthes identifica três forças da literatura: a *mathesis* (que teria a ver com os saberes), a *mimesis* (a representação) e a *semiosis* (com a Semiótica). Tendo em atenção a primeira força, que é a que se sobrepõe na nossa reflexão, ele considera que a literatura é enciclopédica, designa e faz girar saberes, saberes possíveis, insuspeitos, irrealizados, o que faz com que ela trabalhe nas intermitências da ciência. Ainda segundo ele, a literatura nunca diz que sabe alguma coisa, mas que sabe *de alguma coisa*, que sabe das coisas e que sabe muito sobre os homens. Daí que ele conclua que todas as ciências estão presentes no monumento literário.

Ao lado de outros tipos de conhecimento (científico, filosófico, empírico, religioso) qual é, pois, a função da arte, em geral, e da literatura, em particular, como conhecimento e como representação do conhecimento?

O que muitas vezes tem acontecido quando esta questão aflora é cair-se na tentação, em certa medida legítima, de tentar opor, por exemplo, conhecimento científico àquele que é exposto pela literatura. O primeiro assumido como conhecimento proposicional, portanto conhecimento por excelência, dominado pela objetividade e pelo rigor terminológico, conceitual e metodológico, e o segundo uma espécie de contrafação. Esta é uma oposição que, para alguém como o australiano Derek Allan (2002), não faz muito sentido, pois, na sua perspectiva, pela sua essência e prática, o conhecimento que deriva da literatura não o é no sentido em que é veiculado pelas ciências sociais ou pelas outras ciências. O conhecimento da literatura tem uma imanência própria e deve ser validado tendo em conta os protocolos de leitura que se estabelecem.

Entretanto, para Peter Swirski (2007), enquanto o conhecimento na literatura e nas artes, em geral, é implícito, tácito e não intencionado, nas ciências, ele é manifesto, denotativo e intencionado. Por seu lado, Umberto Eco (2003: 154) refere-se à obra literária, enquanto obra aberta e criação artística, como "metáfora epistemológica" e que decorre de uma convicção cultural assimilada.

Para Italo Calvino (2002), desde que a ciência desconfia das explicações gerais e das soluções que não sejam setoriais e especializadas, o grande desafio para a literatura é o de saber tecer conjuntamente os diferentes saberes e os diferentes códigos, numa visão plural e multifacetada do mundo. Num livro que transporta o sintomático título *Onde encontrar a Sabedoria?*, Harold Bloom (2005: 13), por sua vez, entende que todas as culturas do mundo preconizam escritos sapienciais, acrescentando que, em relação ao que lê e ensina, recorre a três critérios apenas: esplendor estético, força intelectual e sapiência.

Estas são apenas algumas pequenas, mas reveladoras ilustrações sobre a fecundidade do tema em questão, demonstrando a sua transversalidade, latente ou manifesta, como que a evidenciar que a literatura dificilmente pode ser dissociada do conhecimento, pelo que discutir a oposição entre ambos pode ser um exercício não muito auspicioso.

Mesmo assim, é como espaços que se imbricam e que interagem entre si, que identificamos a relação entre os dois domínios, onde as convergências entre eles são notórias. Assim, literatura e conhecimento significam espaços de possibilidades ilimitadas, de criação, de simbolização, de busca da permanência, busca de sentido e de interpretação dos fenômenos.

Por outro lado, dada a nossa experiência como leitores, condição que implica uma aprendizagem prolongada, sabemos que se o ato de leitura é uma dimensão fruitiva, é sobretudo como mecanismo formativo que a literatura se projeta e se imortaliza como conhecimento.

Mas é essencialmente como amplificação e como conhecimento da condição humana, da sua natureza, limites, angústias, contradições e aspirações, onde a literatura ocupa o lugar que a singulariza e o papel que o tempo consagrou. E é aqui onde as literaturas africanas fazem a diferença, por aquilo que Wole Soyinka (2000) define como *virtude da complementaridade*.

Isto é, é verdade que a representação sobre África e sobre os africanos é projetada, diríamos que de modo inaugural, na literatura pelo olhar do Ocidente que alça sobre essa realidade um quase interminável cabedal de visões, conhecimentos, suposições e preconceitos. Contudo, será pela voz dos próprios africanos, sobretudo na representação sobre si e sobre o seu espaço vital, que a reformulação de todo um conhecimento ou pseudoconhecimento, profundamente cristalizado, irá ter lugar.

Para isso concorreu e concorre uma aguerrida e celebrativa desocultação de seres, vozes, linguagens, percepções, lugares, tempos, experiências e vivências individuais e coletivas. E em todo esse processo, e nas diferentes etapas que têm sido atravessadas por essas literaturas, a articulação entre escrita, conhecimento e afirmação identitária tem não só um carácter estruturante como também fundamental nas estratégias discursivas e estéticas que distinguem cada obra e cada sistema literário.

E falar em conhecimento adstrito às literaturas africanas é não só concorrer para a sua maior valorização, mas também para acentuar a sua legitimidade como sistemas que devem ombrear com outros sistemas num plano de paridade que não invalida a sua especificidade. Muito pelo contrário. Além de que como metáforas epistemológicas, essas obras saem do gueto onde normalmente são colocadas enquanto emanação exclusiva de emoções, sensibilidade e exotismos.

Literaturas africanas: conhecimento e redes identitárias

Alguns elos concorrem para assegurar às literaturas africanas, na sua fulgurante diversidade, uma unidade incontornável.

O primeiro elo prende-se com o fato de essas literaturas, enquanto fenômeno de escrita, serem não só relativamente recentes, cem anos aproximadamente, mas também terem nascido no contexto da dominação colonial, o que à partida determinou uma configuração e um sentido determinados que passariam inevitavelmente pela negação das construções e símbolos inerentes à ordem hegemônica.

O segundo elo tem a ver com o compromisso estrutural que a arte africana, em geral, e as literaturas africanas, em particular, têm com o meio natural, social, cultural em que elas emergem e que sobre essas mesmas literaturas exerce um fascínio ilimitado. O primado da realidade tem, nas artes africanas, um profundo poder estruturante.

Finalmente, o terceiro elo, possivelmente o mais relevante tendo em conta a orientação da reflexão que é aqui encetada. Trata-se precisamente do elemento humano. Numa incursão sobre aquilo que ele denomina de "crepúsculo da humanidade", o filósofo italiano, Gianni Vattimo (2008), deixa-nos o seu entendimento de que a crise do humanismo está associada não só à crise metafísica, mas ao crescimento do mundo técnico e da sociedade racionalizada. Conclui, afirmando que a crise do humanismo é, de certo modo, a crise do eurocentrismo.

São inúmeros os estudos e os escritos produzidos no Ocidente onde esta ideia prevalece. E o que as literaturas africanas fizeram, e de certo modo fazem enquanto projeção de outras visões de mundo e de outras possibilidades de representar o homem e o seu contexto, foi não só vincar a crise acima referida, mas sobretudo toda a vitalidade de uma humanidade até aí, e não só, desconhecida ou mal percebida.

E a questão da identidade, pessoal ou coletiva, vai emergindo quer de forma latente quer explícita, alicerçada no conhecimento de si próprio e do seu meio, num exercício de desocultação, interpretação e dignificação dessas mesmas realidades funcionando a literatura, ao mesmo tempo, como restituição, contestação e denúncia.

Um texto que me parece emblemático, em relação à problemática que aqui nos prende, é o poema "Se me quiseres conhecer", de Noémia de Sousa (2001). Escrito em 1949, representa os olhares, as aspirações, as mágoas, a revolta, mas sobretudo o cultuar do conhecimento através da escrita como exercício emancipatório:

Para Antero
Se me quiseres conhecer,
estuda com os olhos bem de ver
esse pedaço de pau preto
que um desconhecido irmão maconde
de mãos inspiradas
talhou e trabalhou
em terras distantes lá do Norte.
Ah, essa sou eu:
órbitas vazias no desespero de possuir a vida,
boca rasgada em feridas de angústia,
mãos enormes, espalmadas,
erguendo-se em jeito de quem implora e ameaça,
corpo tatuado de feridas visíveis e invisíveis
pelos chicotes da escravatura...
Torturada e magnífica,
altiva e mística,
África de cabeça aos pés,
– ah, essa sou eu:

Se quiseres compreender-me
vem debruçar-te sobre minha alma de África,
nos gemidos dos negros no cais

nos batuques frenéticos dos muchopes
na rebeldia dos machanganas
na estranha melancolia se evolando
duma canção nativa, noite adentro...

E nada mais me perguntes,
se é que me queres conhecer...
Que não sou mais que um búzio de carne,
onde a revolta de África congelou
seu grito inchado de esperança.

O que é verdadeiramente instigante, neste poema, não é só o conhecimento das especificidades étnicas, regionais (terras distantes lá do Norte, macondes, muchopes, machanganas), históricas e sociopolíticas (chicotes da escravatura, gemidos dos negros no cais), mas é sobretudo este rasgado apelo ao próprio conhecimento que sobressai, ao conhecimento de si ("Se me quiseres conhecer... ah, essa sou eu"), como ponte através da qual se chega ao conhecimento de uma realidade mais global ("minha alma de África"). Afinal, como diria Montaigne (1972), cada homem porta em si a forma inteira da condição humana. Neste caso, na sua dimensão sofrida e inconformada.

Por outro lado, o poema remete-nos, também, para uma espécie de constelação de referências através da qual se tece a rede identitária e que tem a ver com uma ideia de totalidade que resulta das interações do sujeito com o outro, igual ou diferente, fazendo com que a própria alteridade ("Se é que me queres conhecer..."), participe do jogo das identidades. Isto é, a identidade, na sua forma plena, só faz sentido na relação com os outros. Melhor ainda se essa relação, assente no conhecimento, for desmistificadora. Quer dizer "o infinito abre-se na relação ética do homem com o homem" (Levinas 1988: 71).

A vivacidade da metáfora, uma das figuras de retórica intelectualmente mais desafiadoras, exerce aqui o seu papel relevante de renovar imagens e acepções linguísticas ("Que não sou mais que um búzio de carne, / onde a revolta de África congelou / seu grito inchado de esperança").

Impondo-se como multicomposição e resultado do cruzamento de uma pluralidade e diversidade de elementos de partilha, seleção e de rejeição, a construção identitária é um exercício dinâmico, interativo, permanente e flexível, mas também aberto, para não cair na esquizofrenia identitária apontada, por exemplo, por Amin Maalouf, na obra *Identidades Assassinas* (1999).

Em relação a muitas das realidades representadas nas literaturas africanas, somos confrontados com dimensões multiculturais, multiétnicas e multilinguísticas que irão concorrer para a projeção de uma complexidade existencial que terá como implicação que o conhecimento seja também ele plural e complexo.

Poderíamos projetar este poema da Noémia, tanto no tempo como no espaço, pensando não só em Moçambique, Angola, Cabo Verde, Guiné e São Tomé e Príncipe, mas também nos outros países africanos saídos igualmente da dominação colonial o que nos ajudaria a perceber como essa rede se amplia e se enriquece significativamente. Sobretudo na forma como os seus elementos diferenciadores se articulam com o que existe de comum.

Conhecimento significa a forma como o homem interpreta, compreende e sistematiza os fenômenos que o envolvem e as experiências, interiores e exteriores, por que passa. Estes processos, mais ou menos complexos, implicam identificação, seleção, rejeição, tratamento, transformação, conservação e transmissão de informação de um lugar para o outro e de uma geração para outra.

E é para uma geração mais próxima de nós, que nos abalançamos de seguida, obviamente com outras problemáticas, com outros interesses e com outras aspirações, mas que não deixa de estar sintonizada com elementos que traduzem a dramatização do conhecimento local e um incontornável apelo identitário. Tal é o caso, por exemplo, da poetisa santomense, Conceição Lima, em "O Anel das Folhas":

> Quando eu não era eu
> Quando eu ainda não sabia que já era eu
> Quando não sabia que era quem sou
> os dias eram longos e redondos e cercados
> e as noites profundas como almofadas.
> (...)
> Viviam plantas, viviam troncos, viviam sapos
> Vivia a escada, vivia a mesa, a voz dos pratos
> um unteiro em tamanho maior que tudo
> fruteiras em permanente parto de gordos frutos
> palpáveis, acessíveis, incansáveis limoeiros
> makêkês, beringelas, pega-latos
> verdes kimis, ali dormiam longos swá-swás
> e o ido-ido era a montanha cheia de espinhos
> onde os morcegos iam cair no kapwelé.
>
> Folhas da mina floresciam em velhas panelas
> fios d'orvalho rodeavam frescos matrusos
> em frente à porta havia nichos de libo d'água
> pinincanos, folha-ponto e salakontas.

(...)
O micondó era a força parada e recuada
escutava segredos, era soturno, era a fronteira
e tinha frutos que baloiçavam, baloiçavam
nunca paravam de baloiçar.
(...)
Quando eu fugia com as borboletas
Quando eu voava com as viuvinhas
e me perdia nos canaviais
minha mãe, a voz, descia as escadas
aberta como uma rede.

Neste poema, a identidade individual é associada a referenciais que ligados a objetos, plantas, animais, frutos, flores, estabelecem uma relação metonímica com um determinado círculo existencial, com um território sociocultural exuberantemente demarcado, com uma memória familiar e coletiva, com um explícito apelo à diversidade linguística e que denunciam, no seu todo, a expressão de um conhecimento que é assumido na plenitude e com uma intensa cor local.

Como podemos verificar através dos dois poemas que aqui trouxemos para ilustrar a nossa reflexão, claramente separados no tempo e no espaço, a representação do conhecimento funciona sobretudo como produção de sentido, uma forma peculiar de pensar e organizar o mundo e sobretudo de lhe dar uma conformação específica.

Com conhecimento, tudo o que não tem sentido passa a tê-lo, o inimaginável torna-se possível e o possível torna-se real. O conhecimento implica uma visão particular do mundo e que nos permite celebrar a diversidade natural da natureza e da humanidade. A literatura faz, assim, "falar o ser humano na sua experiência integral, pois ele é seu fato observado e sua testemunha" (Régis 2001: 6).

Não se trata de um conhecimento estático, muito pelo contrário, pois corresponde às experiências acumuladas por uma certa comunidade no seu processo de adaptação, enraizamento e sobrevivência num determinado ambiente durante décadas ou séculos. Além do mais, o que estas literaturas fazem é devolver à literatura o seu lugar de afirmação de conhecimento.

Neste sentido, e mesmo que obedecendo a princípios não convencionais ou postos em causa pela racionalidade cartesiana, científica e tecnológica do Ocidente, trata-se de um conhecimento que, com fortes ligações a uma tradição própria, inventaria e aplica informações desenvolvidas localmente sobre as mais diversificadas realidades e atividades. Fazem também parte significativa e emblemática deste conhecimento local, o patrimônio cultural imaterial como sejam os sistemas de crenças religiosas, os mitos, a língua, a educação não formal, a literatura oral, os provérbios, a produção artística, os rituais, os costumes, o artesanato, etc.

Uma das grandes marcas identitárias dos processos de transmissão do conhecimento local, em geral, é não só o seu profundo sentido social, como também uma extremada percepção de preservação em que o compromisso de cada membro da comunidade, e da comunidade no seu todo, implica um diálogo permanente com o passado e com o futuro: "e me perdia nos canaviais / minha mãe, a voz, descia as escadas / aberta como uma rede".

Esse compromisso traduz-se tanto pelo respeito devido aos mais velhos, à tradição e aos antepassados como pela preocupação em incutir valores e referências fundamentais às crianças e aos jovens, numa demonstração de que a malha identitária se tece diacrônica e espacialmente.

Conclusão

São múltiplas e variadas as possibilidades interpretativas que se abrem no rastreio das relações que vemos representadas nas literaturas africanas. Por um lado, entre elas enquanto realidade semiótica e comunicacional específica e o conhecimento e os saberes que disseminam e, por outro, na sua relação com um certo sentido identitário. Trata-se, como fizemos referência, de uma relação estruturante que obedece a motivações e condicionalismos que, apesar de inscritos em dinâmicas históricas específicas, exprimem como que uma pulsão dialogante com o tempo e o espaço, no desvelamento dos sujeitos e dos mundos que os circundam.

O conhecimento e os saberes representados nas literaturas africanas estão, muitas vezes, em contraposição a lógicas cartesianas, sem que necessariamente caiam no exotismo. Significam, por isso, a instituição e reivindicação de outras racionalidades, expressão de um território cognitivo e identitário específico. Com eles, abriram-se outras e novas possibilidades de fazer mundos e de recriar imaginários.

No processo de inscrição e de apropriação de linguagens e de códigos, o espaço representacional das literaturas africanas concorre, afinal, para amplificar e reinventar os sentidos da literatura e a própria ideia de humanidade.

Referências

ALLAN, Derek. "Literature and Knowledge", at a conference entitled *The Literal Truth: A Symposium on Literature and Lying.* Australian National University, 5-6 November: http://home.netspeed.com.au/derek.allan/publications.html, 2002.
BARTHES, Roland. *Leçon.* Paris: Seuil, 1989.
BLOOM, Harold. *Onde encontrar a sabedoria.* Rio de Janeiro: Objetiva, 2005.
CALVINO, Italo. *Seis propostas para o próximo milénio.* 4. ed. Lisboa: Teorema, 2002.
CHAPMAN, Michael. "African Literature, African Literatures: Cultural Practice or Art Practice?". In: *Research in African Literatures* – v. 34, Number 1, Spring, p. 1-10, 2003.
ECO, Umberto. *Obra aberta.* 7. ed. São Paulo: Perspectiva, 2003.
LEVINAS, Emmanuel. *Ética e infinito.* Lisboa: Edições 70, 1988.
LIMA, Conceição. *A dolorosa raiz do Micondó.* Lisboa: Caminho, 2006.
MONTAIGNE, Michel de. *Essais, I,* Paris, Librairie Générale Française, 1972.
RÉGIS, Sônia. "Literatura e conhecimento", 2001: http://revistas.pucsp.br/index.php/galaxia/article/viewFile/1085/710
SOUSA, Noémia de. *Sangue negro.* Maputo: AEMO, 2001.
SOYINKA, Wole. *Myth, Literature and the African World.* Cambridge: University Press, 2000.
SWIRSKI, Peter. *Of Literature and Knowledge: Explorations in Narrative Thought experiments, Evolution, and Game Theory.* London: Routledge, 2007.
VATTIMO, Gianni. (Entrevista). In: *Revista CULT,* n. 126, jul. 2008, São Paulo, p. 12-13, 2008.

A narrativa moçambicana contemporânea:
o individual, o comunitário e o apelo da memória[6]

Introdução

Uma das bandeiras vigorosamente hasteadas pela modernidade prende-se com o triunfo associado da razão e da subjetividade. O pensamento moderno determinaria que, para o conhecimento, a única autoridade a considerar deveria ser a razão, vista como um valor apriorístico do homem e, por isso, inata, imutável e universal. Em nome quer da razão quer da afirmação do sujeito, dimensões que a modernidade se encarregou de conciliar, foram superadas, parcial ou globalmente, crenças e convicções que sustentaram, sobretudo no Ocidente, o devir milenar da humanidade.

Expressão da possibilidade de autoconsciência e de autossuperação, a ideia de um sujeito autônomo em si mesmo, tributária do cartesianismo e consolidando-se em Kant e Rousseau, colocaria a autogestão do sujeito no uso pleno da liberdade através da faculdade da razão.

Por outro lado, essa mesma modernidade sustenta que a autonomia moral do sujeito, em contraponto aos constrangimentos do meio envolvente e agindo dentro da razão e da consciência, decorre do exercício pleno da virtude. A lógica moderna faz assim apologia de um sujeito emancipado, livre, superior, correto e virtuoso. Trata-se, por conseguinte, de um sujeito enredado na sua própria identidade e numa raciona-

---
6   In: *IV Encontro de professores de literaturas africanas de língua portuguesa*. Ouro Preto, Brasil, 8; 11 nov. 2010.

Excertos

E assim a conversa flui. Solta das amarras das formalidades, da vergonha de pedir e da vaidade de emprestar. O fermentado corre para dessedentar e relaxar disfarçadas tensões. Recordam-se aí histórias de um passado de estabilidade, das chuvas que caíam generosas, comedidas e na altura apropriada; das culturas que se empertigavam verdes e sadias nas machambas, e das colheitas fartas. Esse foi o tempo em que todos eram amigos e bons vizinhos.
In: MUIANGA, Aldino. "A Rosa de Kariacó", *O domador de burros e outros contos,* **2003 (p. 66).**

Porque neste assunto complicado do progresso parece haver duas saídas apenas: ou negá-lo e afundarmo-nos em inútil obstinação, ou deixarmo-nos embarcar em veloz aventura, como quem perde o pé em correntes de águas perigosas, e se deixa ir. Tomé Nhaca, conhecido pela sua sageza, resistiu à vaidade da primeira atitude e à ingenuidade da segunda, escolhendo um terceiro caminho, muito próprio.
In: COELHO, João Paulo Borges. "Verdadeiros propósitos", *Índicos indícios II. Meridião,* **2005 (p. 112; 113).**

Buzueque tomou posse, logo depois da cerimónia fúnebre de seu avô, que, segundo a sua vontade, foi sepultado junto ao embondeiro. Tornou-se o régulo mais novo de toda a região. Com apenas vinte e um anos, fora incumbido da difícil missão de dirigir os seus semelhantes, reconstruir a aldeia e libertar o espírito de seu avô.
In: DAU, Alex, "Reclusos do tempo", *Reclusos do tempo,* **2009 (p. 36).**

Auscultava o silêncio que celebrava os catorze anos de vida conjugal. Orgulhava-se da mulher que conheceu no Inhambane natal. Tinha ela quinze anos quando o pai dela a coagiu. Tinha de se casar. Como é que uma mulher ousa ficar grávida antes do casamento?! Ruaaa!... – embirrava o pai. Já chefe de família, Zuzé, sonhava, delirava, prometia futuro, martelando a solução: partir!... Não, cidade não – reagia Khudzi, prudente.
In: BATA, Clemente. "A promessa", *Retratos do instante,* **2010 (p. 47).**

lidade que guia todas as suas ações quer para controlar o mundo quer para a sua autoconsciência e realização pessoal, uma das maiores aspirações do homem moderno.

Contudo, o século XIX se encarregaria de perturbar esta ordem a vários títulos dominante não só através da névoa de suspeição lançada por alguns espíritos inconformados (Marx, Nietzsche, Freud) em relação ao despotismo da razão, como também por efeito de profundas transformações sociopolíticas (descentramento do mundo com a autonomia de outras nações fora da Europa) e epistemológicas que, no essencial, concorreriam para abalar significativamente o logocentrismo ocidental.

Por sua vez, a primeira metade do século XX, reforçaria o questionamento da universalidade da razão e do sujeito quer do ponto de vista filosófico (o existencialismo heideggeriano e sartriano), político (as duas grandes guerras e os seus efeitos), estético (os movimentos da vanguarda modernista), científico (a lei de relatividade de Einstein e as teorias probabilísticas), etc.

Finalmente, enquanto se agudizava, no Ocidente, o conflito entre o indivíduo e sociedade, outras racionalidades iam gradualmente adquirindo visibilidade e legitimidade. Isto, por impulso, entre outros, das interpelações etnográficas de Lévi-Strauss, negando a centralidade da civilização e da cultura ocidental, e do arremedo desconstrucionista de Jacques Derrida, com a apologia da interpretação dada a contingência do ser e da linguagem, bem como das realizações do imaginário que iam fluindo do Oriente, da América Latina e do continente africano. E, aqui, destaque especial deve ser dado à literatura africana que, enquanto expressão de outras racionalidades e de reinvenção do sujeito, amplia e aprofunda o próprio sentido da humanidade.

Literaturas africanas: espaço de outras racionalidades ou a racionalidade do outro

Enquanto fenômeno de escrita e por terem nascido do contexto de dominação colonial, as literaturas africanas encerram, em si, um dilema estruturante, isto é, colocam em questionamento os fundamentos que concorreram para a sua própria constituição. Referimo-nos tanto à integridade da língua em que se manifestam, como aos valores originais ou residuais que ela veicula enquanto emanação de um imaginário logocêntrico e hegemônico, bem como de toda uma tradição estética profundamente incrustada nos referidos valores e imaginário.

De forma mais ou menos intensa, mais ou menos dramática, reconhecem-se, no âmbito global dessas mesmas literaturas, ambivalências estruturais que, dependendo das circunstâncias históricas e espaciais, apresentam configurações particulares.

Desde às origens até aos nossos dias, o impulso de superação do *dilema*, isto é de validação da sua condição de ser *outro*, *diferente*, vai-se colocando de forma mais ou menos manifesta, mais ou menos premente. Isto é, procurando abdicar de componentes estruturantes do lugar de apropriação, a afirmação de alteridade, perante aquelas que eram as referências e os valores dominantes, irá traduzir-se em múltiplas e variadas estratégias textuais: apelo a referências locais, deliberadas transgressões linguísticas, colagens marcadas em relação à realidade, amplificação do manancial dos recursos estilísticos, projeção de novos mitos, etc.

Daí que para o sul-africano Michael Chapman (2003: 6), as literaturas africanas sem nunca ficarem diminuídas enquanto atos culturais, atos artísticos, são também atos políticos. Os textos literários, na sua diversidade e heterogeneidade, mantêm, metonímica e metaforicamente, um diálogo fundamental com o contexto que, entretanto, apresenta vicissitudes determinadas durante e depois da presença colonial em África.

Será, porém, nas confrontações entre um sentido individual e um sentido coletivo de existência onde o dilema, ou as tentativas de o superar ou contornar nas suas múltiplas expressões, adquire contornos profundamente marcantes e desafiadores.

É assim que, por um lado, a nível da enunciação, o sujeito se debate, voluntária ou involuntariamente, entre projetar a sua subjetividade, ou perseguir o sentido de pertença a uma comunidade, real ou imaginária. Por outro lado, no espaço de representação, sobretudo a nível da narrativa, as personagens e tudo que as envolve traduzem as irresoluções relativas à coabitação, dentro e fora delas, de dois mundos e de duas ordens que ora coabitam, ora se entrechocam. Isto é, o primado do subjetivo ou alternativamente do coletivo prefigura sempre uma específica visão do mundo.

É, pois, nesta conformidade, que vemos, muitas vezes, a memória, histórica ou intemporal, emergir como garante da superação do impasse entre ordens simbólicas e existenciais desencontradas, entre mundos distintos e entre dimensões temporais disjuntivas. E aí, desenha-se, enquanto espaço de possibilidades indeterminadas, toda uma racionalidade que, na sua plenitude, é atinente com uma territorialização estética e identitária.

A narrativa moçambicana: o individual e o comunitário

Os quatro excertos que apresentamos, no início desta comunicação, permitem-nos vislumbrar algumas tendências da literatura moçambicana concomitantes com os elementos temáticos que servem de mote à reflexão aqui desenvolvida. Isto é, o modo como, por um lado, são representados os percursos individuais das personagens diante de uma ordem global a que denominamos "comunidade" e, por outro, os movimentos conflitantes e conciliatórios que entre eles se estabelecem.

É assim que, enquanto em "Verdadeiros propósitos" de Borges Coelho se destaca a opção individual por parte de Tomé Nhaca sobre a ordem instituída e as expectativas coletivas que lhe estão subjacentes, no conto de Alex Dau, "Reclusos do tempo", o protagonista, Buzueque, anula a sua individualidade diante do que se impõe como prioritário para a comunidade, ao assumir a missão de "dirigir os seus semelhantes, reconstruir a aldeia e libertar o espírito do seu avô" (p. 35).

Em relação ao último caso, onde o enfoque claramente se situa na valorização de uma cultura de matriz tradicional, o passado é respeitado e os símbolos são valorizados por conterem e perpetuarem a experiência de gerações. Segundo Anthony Giddens (1995: 30), a tradição é um modo de integrar o controle reflexivo da ação na organização espaçotemporal da comunidade.

É, desta feita, um meio de lidar com o tempo e o espaço, que insere cada atividade ou experiência particulares na continuidade do passado, presente e futuro, sendo estes, por sua vez, estruturados por práticas sociais recorrentes. Neste caso, as práticas são verdadeiros exercícios ritualísticos, onde a preservação dos valores da comunidade transcende ou desencoraja decisões individuais.

É, entretanto, na tensão entre o individual e o comunitário que se adensam os enredos desenhados, por exemplo, por Clemente Bata, no conto "A promessa". Neste, encontramos como que um duplo rompimento com a dimensão comunitária. O primeiro acontece quando Zuzé decide levar Khudzi, com quem acabara de casar-se, para viver na capital contrapondo-se à vontade da mulher, que queria permanecer no Inhambane natal, espaço vivencial claramente imerso numa lógica comunitária e na garantia do conforto e da segurança que essa mesma lógica assegurava.

O segundo rompimento verifica-se quando Khudzi, já na cidade, decide arranjar emprego, contra a vontade do "chefe de família". Enquanto referencial de estabilidade e enquanto núcleo comunitário, por excelência, a família recém-constituída de Zuzé entra num processo irreversível de desagregação que atinge, no final, dimensões trágicas pelas intensas sugestões deixadas pelo narrador, de Khudzi estar a prostituir-se para salvar essa mesma família.

De uma ferocidade irônica, "A promessa" parece explorar, por um lado, a incomunicabilidade entre duas ordens, a rural e urbana, ou, se quisermos, entre a tradição e a modernidade, como que fazendo eco da constatação de que quanto mais moderna é uma sociedade, quanto mais apela à razão (Touraine 1998), menos suporta o peso da tradição. Isto é, são ordens que apesar de estarem lado a lado parecem manter uma incompatibilidade muitas vezes intransponível.

Por outro lado, o desfecho dramático da narrativa abre-se a uma alegórica possibilidade de a aspiração individual estar voltada ao fracasso. Como explica Zygmunt Bauman (1998: 234), os indivíduos modernos estão "sentenciados" a uma existência de escolha, e a escolha recria, pensamos nós, inevitavelmente o mito de Prometeu: entre o sabor voluptuoso da liberdade e o ônus excruciante da responsabilização individual.

Curiosamente, é na linha desta percepção que se situa "Rosa de Kariacó" de Aldino Muianga. Rosa, filha de Mawelele, e com apenas doze anos, é cedida como moeda de troca ao velho Chigomba, credor do pai dela. No final, depois de muitas peripécias, Rosa trilha por um caminho que choca contra todas as lógicas até aí prevalecentes:

> – Meu amo e senhor – disse Rosa, ao cair de duma noite fresca, à roda de uma fogueira, quando ceavam – Sinto que não é este o meu lar. O mundo em que vive é diferente do meu.
> – Nunca ouvi uma mulher falar assim para um homem. (p. 72)

Num universo assumidamente rural, estruturalmente machista, ela acaba por abandonar o marido que lhe fora imposto, emigrar para a cidade e voltar, anos depois, para conquistar a sua liberdade:

> – Ficar aqui não posso. A missão que me traz é sagrada. Tem a ver com a minha honra, com a honra da minha família. O meu pai foi incapaz de saldar aquela dívida que até hoje nos pesa na consciência. Ele empenhou o meu futuro. Hoje estou aqui para resgatar a minha liberdade. (p. 75)

Se é verdade que há uma vontade individual que se impõe, sobretudo com maior valor simbólico por se tratar de uma mulher, num espaço onde o peso da tradição e do comunitário é quase esmagador, é significativo observarmos que toda a sua ação é respaldada por um poderoso quadro de valores, como se a conciliação entre o sentido individual e o comunitário se instituísse como resolução triunfante do dilema.

Podem, aliás, ser feitas associações com o sujeito autônomo kantiano e rousseauniano, que faz o uso da sua liberdade, através do exercício pleno da virtude. No caso em análise, porém, a virtude não está fechada sobre si própria, mas tributária de vivências e partilhas coletivas. Daí que, "A madrugada ia no começo quando a Rosa foi vista a abandonar a povoação, a caminho de Kariacó, para cuidar da campa da mãe. Em liberdade." (p. 77)

Estamos, assim, diante de uma afirmação do indivíduo que está muito aquém e além de subjetividades esquizofrênicas, quando não autistas, que caracterizarão muito do imaginário, das vivências e dos universos literários consagrados pela modernidade. Rosa é, assim, ao mesmo tempo, profundamente moderna, mas também profundamente tradicional.

Tal como Rosa, Tomé Nhaca, em "Verdadeiros propósitos" de Borges Coelho, protagoniza o dilema que o encontro entre a tradição e a modernidade desencadeia. A narrativa vai avançando, contrapondo permanentemente o "nós" e "ele: "E Tomé Nhaca não sentiu necessidade de nos desdizer" (p. 112); "Assim pensávamos todos à excepção de Tomé Nhaca" (p. 113); "É que enquanto para nós o regresso à praia assinalava o fim da faina, era para ele esse passo apenas o primeiro" (p. 115).

Segundo o excerto acima, Tomé Nhaca, entre seguir o progresso, a modernidade portanto, e resistir-lhe, "escolhe um terceiro caminho, muito próprio". Isto é, em vez da disjunção que o dilema pressupõe, a conjunção, melhor, a conjugação é a saída auspiciosa. E contrariamente ao que acontece em Aldino Muianga, a ironia implacavelmente ferina do narrador no conto "Verdadeiros propósitos" de Borges Coelho parece retirar sacralidade ou grandeza a essa solução que surge como incontornável, sobretudo para enfrentar os apelos da modernidade e o instinto de sobrevivência.

Um dos aspectos que tem sido frequentemente referenciado por vários estudiosos sempre que se procura explicar a ordem existencial dos africanos é o que se prende com a sobreposição do sentido comunitário da vida em relação ao do indivíduo. É o que afirma, por exemplo, Pieter Coetzee (2004: 275-276) quando concede que objetivos comuns não podem ser postos de lado ou negados visto que têm um peso e um valor maior na vida da comunidade do que outros fins.

Os diferentes exemplos que destacamos a partir de obras de autores moçambicanos contemporâneos mostram-nos, contudo, que a relação entre um sentido comunitário e um sentido individual apresenta matizes e complexidades que fragiliza qualquer leitura englobante, redutora, simplista ou maniqueísta. A simples existência de um sentido comunitário não é, em si, garantia de uma existência mais virtuosa ou mais bem sucedida. É o que aparece mais vincado, por exemplo, em "Verdadeiros propósitos":

> É conhecida a inveja que temos do sucesso dos vizinhos. Se lhes nasce um filho gordo e saudável desejamos, no íntimo, que adoeça para ficar raquítico como o nosso. Se a machamba deles se mostra verde e promissora, rezamos para que lhe dê o bicho. Se a casa é bonita, que lhe caia a porta. Somos, assim, são assim os nossos deuses, de quem copiámos o modo de ser. (p. 121)

Ciente da complexidade por nós identificada, Anthony Giddens (1995) chama a atenção para o fato de, mesmo na mais modernizada das sociedades modernas, a tradição atracada quase sempre à mundividência comunitária, continuar a desempenhar um papel. E este papel é muito mais significativo no que toca à integração da tradição e da modernidade no mundo contemporâneo, sobretudo quando essa contemporaneidade tem a ver com as sociedades africanas.

Por sua vez, ao fazer a dicotomia entre comunidade (tradição) e sociedade (modernidade), Scott Lash (1997: 140) considera que enquanto as comunidades supõem *significados* compartilhados, as sociedades implicam apenas *interesses* compartilhados. Ainda, segundo ele, as comunidades culturais, o "nós" cultural, são coletividades de práticas estabelecidas compartilhadas, significações compartilhadas, atividades de rotina compartilhadas envolvidas na obtenção do significado.

Por outro lado, a comunidade, diferentemente da sociedade, não se baseia em regras abstratas, mas em costumes, hábitos, e em "pré-julgamentos". No "nós", tal como vimos nos diferentes textos, as atividades do dia a dia estão envolvidas na obtenção rotineira de significação; estão envolvidas na produção de bens substantivos, que em si são também significações. Finalmente, a comunidade deve – em um sentido fundamental – estar em um "mundo", quer dizer, territorializada.

É pois na conjugação entre território e um tempo determinado, seja ele cronológico ou mítico, que a memória joga um papel particular.

O apelo da memória: reconstituição e restituição

Entre outras funções, a memória funciona como ordenação, reconstituição e restituição. Mas sobretudo ela garante a dotação de sentido para o que, aparentemente, não tem ou perdeu sentido. Transversal a quase todos os textos analisados, prevalece uma memória coletiva, que é uma memória comunitária, isto é, espaço compartilhado de significações ou, de solidariedade sentida (afetiva ou tradicional) dos indivíduos:

> "Recordam-se aí histórias de um passado de estabilidade, das chuvas que caíam generosas, comedidas e na altura apropriada; das culturas que se empertigavam verdes e sadias nas machambas, e das colheitas fartas. Esse foi o tempo em que todos eram amigos e bons vizinhos." (Muianga, p. 66)

Se a valorização dessa memória comunitária nos surge, de modo enfático, com uma dimensão redentora em Aldino Muianga e Alex Dau, nos outros textos parece subsistir um manto de ambiguidade, quando não de ostensiva suspeição, sobretudo no confronto dessa mesma memória com a afirmação individual. O que não invalida que ela esteja lá, seja invocada e tenha um lugar e um papel na formação e no percurso das personagens.

Estaríamos, assim, perante uma espécie de "hermenêutica de recuperação", como lhe chama Scott Lash (1997: 197) e que se caracteriza pela concentração na dimensão comunitária. Esta ocorre em grande parte porque, numa época de individualismo cognitivo-utilitarista, estético-expressivo, desconcerto existencial e identitário, a dimensão comunitária parece exigir algum tipo de operação de recuperação.

E a escrita literária é seguramente um dos caminhos privilegiados se não na sua recuperação, mas pelo menos na sua visualização e problematização.

Conclusão

Como pudemos verificar, se para alguns autores a apologia de um sentido existencial baseado em valores comunitários parece inequívoca, para outros, sem ser negado, esse sentido é objeto de algum, quando não feroz questionamento. Assim, tanto num como noutro caso, as referências à comunidade, as suas vivências e valores traduzem uma relevância inelutável.

Residuais ou efetivos, a representação desses valores acontece em confronto com as dinâmicas trazidas pela modernidade e que obrigam a repensar o papel do sujeito, sujeito *dilemático*, como temos vindo a fazer referência, bem como na reordenação do seu espaço vital e do imaginário que o cobre.

Estamos, pois, perante uma arqueologia dignificadora e legitimadora, como se a perseguição de um certo ideário pelos diferentes textos resultasse da constatação de uma perda, de um vazio.

Nesta hermenêutica da recuperação, o que os textos que analisamos nos permitem concluir é que não se trata apenas de recuperar o sentido e o ideal comunitário, mas também do próprio sujeito. E aí a memória, mítica ou histórica, pública ou privada, parece jogar um papel crucial.

Espaço representacional, por excelência, a literatura, uma vez mais, impõe-se como lugar onde superiormente se repensam os destinos individuais e coletivos no contexto das sociedades africanas contemporâneas.

Referências

BATA, Clemente. *Retratos do instante*. Maputo: AEMO, 2010.
BAUMAN, Zygmunt. *O mal-estar da pós-modernidade*. Rio de Janeiro: Jorge Zahar Editor, 1998.
BRONOWSKI, Jacob; MAZLICH, Bruce. *A tradição intelectual do Ocidente*. Lisboa: Edições 70, 1988.
CHAPMAN, Michael. "African Literature, African Literatures: Cultural Practice or Art Practice?". In: *Research in African Literatures* – v. 34, Number 1, Spring, p. 1-10, 2003.
COELHO, João Paulo Borges. *Índicos indícios II. Meridião*. Maputo: Ndjira, 2005.
COETZEE, Pieter H. "Particularity in morality and its relation to community". In: P. H. Coetzee and APJ Roux, *Philosophy from Africa*, 2nd ed. Oxford: University Press, 2004.
DAU, Alex. *Reclusos do tempo*. Maputo: AEMO, 2009.
GIDDENS, Anthony. *As consequências da modernidade*. Oeiras: Celta Editora, 1995.
LASH, Scott. "A reflexividade e seus duplos". In: Anthony Giddnes, Ulrich Beck e Scott Lash, *Modernização Reflexiva*. São Paulo: Editora Unesp, p. 135-206, 1997.
LIMA, João Francisco Lopes de. "O sujeito, a racionalidade e o discurso pedagógico da modernidade", 2002: http://www.redalyc.org/articulo.oa?id=35401404.
MUIANGA, Aldino. *O domador de burros e outros contos*. Maputo: Ndjira, 2003.
TOURAINE, Alain. *Igualdade e diversidade*. São Paulo: EDUSC, 1998.

As humanidades:
entre a permanência e a finitude ou entre desassossegos e desafios[7]

> "nossa voz trespassou a atmosfera conformista da cidade
> e revolucionou-a
> arrastou-a como um ciclone de conhecimento."
>
> Noémia de Sousa, *Sangue Negro*

Introdução

Falar do futuro das ciências sociais e das humanidades, mas muito em particular destas últimas, implica necessariamente repensar a sua trajetória atribulada. Isto é, o seu florescimento e o seu apogeu, com a designação de Artes Liberais, tanto na Antiguidade Clássica, primeiro, como na Idade Média e no Renascimento, depois. Vistas como não tendo qualquer objetivo utilitário, material ou profissional, essas artes visavam, contudo, a elevação do espírito humano e concorriam para a formação do pensamento livre. Destaque especial deve ser dado às artes da linguagem, o *Trivium* (Lógica, Gramática e Retórica), que faziam parte do sistema do ensino medieval. O seu declínio acaba, inevitavelmente,

---

[7] In: Colóquio *Portugal entre desassossegos e desafios*. Centro de Estudos Sociais. Coimbra. fev. 2011.

por estar associado ao triunfo do racionalismo científico e tecnológico que se foi impondo entre os séculos XV e XIX.

Dificilmente se pode pôr em causa o impressionante saldo científico e tecnológico que o mundo conheceu nos últimos quinhentos anos. Foram desvendados praticamente todos os campos de conhecimento, através dos objetos mais prováveis (o universo, o corpo humano, as plantas, os animais, os oceanos, terras, as doenças) aos mais improváveis (o átomo, a molécula, a célula) além das múltiplas tecnologias inerentes a quase todas as áreas de atividade. O pensamento científico instituiu-se como uma espécie de teologia da Razão, do Conhecimento e da Verdade. Esta, assumida triunfalmente como absoluta, universal e imutável.

Em relação ao conhecimento do homem, de si próprio, portanto, a questão que emerge é: em que medida este conhecimento acompanhou a trajetória afirmativa dos outros domínios de conhecimento (ciências naturais, exatas, biomédicas, engenharias, etc.)?

O século XIX acabaria por alimentar a utopia e a presunção, através das ciências sociais e do pensamento positivista então reinante, de que finalmente se havia dobrado o "cabo das tormentas" no que ao conhecimento da condição humana dizia respeito. A grande contradição em que caíram as ciências sociais, e de que se ressentem até hoje, é que tentaram manter a especificidade do seu próprio objeto – o homem na sua dimensão social – tentando distanciar-se das ciências naturais, mas ficando obrigadas, para a sua própria legitimação, a estarem coladas aos fundamentos e métodos dessas mesmas ciências.

A busca da objetividade científica traiu-as na compreensão dos objetos que perseguiam. Daí as oscilações que muitas vezes elas próprias protagonizaram: serem ou não serem ciências? Possivelmente, o sinal que hoje assistimos, deste estender de mão às humanidades, poderá significar a percepção de que, afinal, o objeto que se pretende compreender e explicar encerra complexidades que implicam protocolos de análise que estão muito além de objetivações estatísticas e generalizações assertivas.

Afinal, o que distingue as ciências sociais das humanidades? Qual o suporte metodológico e epistemológico que separa estas áreas de conhecimento pretensamente distintas? O ascendente da racionalidade técnica e tecnológica foi ditando um entendimento das sociedades e do seu destino, em que o fator humano, apesar de toda uma retórica apologética a seu favor, foi deixando de fazer sentido.

A crescente e acentuada transformação ou desaparecimento de cursos e departamentos ligados às humanidades, que vão ocorrendo um pouco por esse mundo fora, é, seguramente, um dos sintomas do empobrecimento da condição humana ou de tudo que lhe diz respeito. Isso, em contraponto à galopante afirmação de lógicas mercadológicas, sob o princípio do lucro, de uma ideia restrita e restritiva, quando não esquizofrênica, de empregabilidade, dos resultados, da utilidade, do imediatismo. Como muito bem constata o filósofo italiano Gianni Vattimo (2002: 23), assistimos, hoje, ao "crepúsculo da humanidade".

E a questão que se impõe é: fazem, hoje, algum sentido as humanidades, nesta desenfreada contemporaneidade (pós-positivista, pós-moderna, de suspeitas, desorientação, desencanto, distopia e de todos os ecletismos)? Exatamente acusadas de não possuírem todos os quesitos que caracterizam outros domínios de conhecimento e as exigências feitas pelo mercado de trabalho, como podem elas reinventar-se e afirmar-se, no conceito, na finalidade, no método e no papel que devem desempenhar dentro e fora das universidades?

Tendo em conta que, em grande medida, as humanidades se transformaram, como aponta Mario Vargas Llosa (2011), em formas secundárias de entretenimento, qual, afinal, e usando o jargão da moda, o valor acrescentado que elas oferecem? Qual a sua relevância epistemológica e social?

Objeto de desvalorização, desqualificação e preconceito diante da tradição científica e consideradas como obstáculo ao conhecimento científico, objetivo e verdadeiro, as humanidades encontrarão, a partir de determinado momento, um novo alento para a sua permanência e revitalização, quer enquanto criação quer enquanto reflexão. Esse impulso virá tanto das filosofias da suspeita e da desconfiança em relação ao racionalismo e ao positivismo, que entretanto foram ganhando corpo ao longo do século XIX, como da emergência de novas teorias (da relatividade, da probabilidade), que foram abrindo, no século seguinte, novos critérios de cientificidade e que fazem das incertezas e das probabilidades seus elementos constitutivos.

Por outro lado, a progressiva autonomização de sociedades consideradas marginais, em África e na América Latina, com a demonstração de outras lógicas e outras racionalidades, colocaram novos desafios na compreensão da diversidade humana.

Importância das humanidades

Em meados do século XX, muito também devido aos efeitos devastadores da 2ª Guerra Mundial, veem a luz obras como *A situação espiritual do nosso tempo* (1931), de Karl Jaspers, *Carta sobre o Humanismo* (1949), de

Martin Heidegger, *O Existencialismo é um Humanismo* (1946), de Jean-Paul Sartre ou *A Última Oportunidade do Homem* (1951) de Bertrand Russell que traduzem, de forma aguda, não só os sintomas de um tempo, mas a profunda preocupação em relação à condição e aos destinos da humanidade.

Martin Heidegger, ao defender, por exemplo, que a crise das humanidades era uma crise da metafísica, e Hans-Georg Gadamer, com a ênfase na teoria da interpretação, acabam por dar um contributo decisivo para o que podemos apelidar de "regresso das humanidades". O último, em especial, em *Verdade e Método*, afirma, a dado passo, que o que dá direção à vontade humana não é a universalidade abstrata da razão, mas a universalidade concreta representada pela comunidade de um grupo, de um povo, de uma nação ou de uma totalidade da espécie humana (1999: 19). Um contributo importante virá, também, de Jacques Derrida (*Da Gramatologia*, 1967; *Escritura e Diferença*, 1967) ao questionar o centralismo do pensamento ocidental e ao fundamentar o pós-estruturalismo.

Mais do que nunca, e inspirando-nos nos exemplos acima, repensar as humanidades não se pode instituir numa lamúria interminável e de autoflagelação ou, muito menos, num arremedo fechado e quixotesco. Tem que ser, sim, um exercício inclusivo, pluridisciplinar, pragmático, realista e desapaixonado, de modo a poder vencer o preconceito em relação a essas mesmas disciplinas que têm o humano como objeto e que foram e têm sido olhadas, ainda e cada vez mais, como um luxo epistemológico, saber enciclopédico, rançoso, pedante, anacrônico e inútil.

E o desafio que se coloca é o de as próprias humanidades, ao se revitalizarem, redimensionarem o seu sentido de utilidade e de fundamentarem que a subjetividade é uma condição existencial e reflexiva essencial e que a sua produtividade decorre de critérios que transcendem a materialidade, a quantificação e o simples imediatismo.

Isto é, só investindo ainda mais naquilo que tem concorrido para o seu descrédito (caso da ambiguidade, subjetividade, campo interminável de interpretação), as humanidades podem afirmar a sua utilidade e especificidade que passa por libertar a imaginação e a sensibilidade, por situar e aumentar a nossa autoconsciência e a consciência que temos da condição humana, em geral, por realizar toda uma efabulação à volta de uma "dimensão espiritual" tão necessária para a identidade e a sobrevivência dos seres humanos e, finalmente, por ensinar-nos a pensar o mundo, o destino dos homens. E a ponderar o humano como o *inapreensível*, como diria Leibniz.

Pensar o mundo é, sobretudo, saber ler a nossa relação com o mundo e conosco próprios, é buscar sentido num mundo onde a irracionalidade, a incerteza, o desespero, a dor, a solidão, o ceticismo, o pessimismo, a perplexidade e a morte campeiam.

Se temos que reinventar as humanidades, mesmo que sob a forma de um novo humanismo, elas não devem estar amarradas a modelos passadistas e esclerosados, a mecanismos mais ou menos sofisticados de subjugação, ou a novas formas de evangelização ideológica e cultural e de pedantismo intelectual.

Algumas formas mais perversas e aniquiladoras de dominação, e que vamos presenciando um pouco por todo o lado, são as do atropelo e da negação da inteligência humana, do embrutecimento intelectual e da subversão da sensibilidade. Aqui, pontificam aqueles que são hoje os discursos verdadeiramente dominantes: o político, o econômico e, em grande medida, o que prevalece na comunicação social, muitas vezes assente na promoção da futilidade e do exibicionismo gratuito da ignorância, da violência e da indigência. O descaso com as humanidades coincide, afinal, com a recusa e desqualificação de toda a metafísica.

Nunca, como agora, as humanidades se viram confrontadas com o desafio inadiável de encontrarem, conceitual e metodologicamente, um ponto de equilíbrio e de eficácia entre tradição e inovação, particular e geral, semelhante e diferente, identidade e alteridade. Isto é, num mundo da multiplicação ilimitada e vertiginosa dos objetos e dos seres, mas sobretudo das palavras, o recurso à sabedoria é cada vez mais essencial. E, neste particular, o conhecimento humanístico joga um papel crucial, enquanto caução para o reconhecimento e legitimação da diversidade humana.

Daí que seja também necessário repensar nas metodologias de pesquisa nas humanidades, de modo a deixarem de ser uma prática solitária, fechada, narcisista e contemplativa. Assiste-se hoje, como em nenhum outro momento da história da humanidade, a movimentos migratórios de pessoas, ideias e bens a uma dimensão verdadeiramente planetária e que vão configurando ou reconfigurando, de forma acelerada, a nossa geografia humana, ou aquilo a que Arjun Appadurai (2004) designa de "etnopaisagens". Aqui, a imaginação, enquanto prática social e característica constituinte da subjetividade moderna, dos sentimentos de identidade, assume um papel fundamental.

Por outro lado, adentro da lógica dos processos de negação do homem pelo próprio homem, não surpreende que, no contexto do crime organizado, por exemplo, o tráfico de seres humanos, ou dos seus principais órgãos, vá ganhando proporções de contornos incalculáveis. Diariamente, vemo-nos confrontados com notícias, absolutamente aterradoras e chocantes, para quem ainda fica chocado, que nos vão dando conta de um circuito comercial, macabro e implacável, disseminado um pouco pelo mundo inteiro e do qual Moçambique vai também participando e que deixa a nu a degradação e o retrocesso da condição humana.

Por outro, devido à explosão da indústria mineradora e da descoberta de hidrocarbonetos, no país, na histeria quase coletiva que tem dominado, cada vez mais, os discursos, sejam eles oficiais ou privados, sejam eles do senso comum sejam eles a nível dos opinadores de serviço ou de reflexão mais sistematizada, o que prevalece é uma perspectiva onde as estatísticas, os números, as lógicas de mercado, as leituras estritamente economicistas fazem esquecer a dimensão e as implicações humanas de todas estas movimentações.

É assim que, para um melhor entendimento da natureza e da função das humanidades, é preciso perceber que os critérios de cientificidade devem estar além do imediatamente verificável, do quantificável, do axiomático, do lógico, da certeza epistemológica, de modo a poderem acomodar a essência das humanidades: o que significa, afinal, ser humano? Melhor, o que significa ser humano num tempo onde o menos importante parece ser o próprio homem?

A condição das humanidades é que elas mais do que assegurarem respostas fechadas e conclusivas, oferecem-nos pistas e sugestões que nos ajudam a libertarmos a nossa capacidade de interpretação e de compreensão dos fenômenos. E é, pois, no jogo das interpretações onde se insinuam as verdades, ou as possibilidades de verdade, que as diferentes realidades nos propõem. E disciplinas humanísticas como sejam a antropologia, a filosofia, a história, ou a linguística, mais não fazem do que reafirmar as múltiplas e variadas possibilidades de acedermos a outros ângulos que nos permitem perceber e explicar a realidade.

Mas serão, precisamente as artes, a cultura e a literatura, em particular, onde superiormente se realizam, pensamos nós, os desígnios das humanidades em relação ao círculo hermenêutico, isto é, interpretativo, e à fusão de horizontes. Por outro lado, elas também significam o espaço, por excelência, onde a representação da condição e da existência humanas quase se aproxima da plenitude.

O lugar e o papel da literatura

Um exemplo sobre o crescente papel e importância que o alargamento e aprofundamento do conhecimento sobre a natureza humana, nas suas múltiplas e complexas manifestações, pode ser encontrado em algumas significativas experiências universitárias que se verificam em países como os Estados Unidos ou o Brasil. Tanto num como noutro país, algumas faculdades de Medicina conceituadas decidiram incluir na sua grelha curricular, e com caráter obrigatório, o ensino de clássicos da literatura mundial. Ou, então, no caso de proeminentes universidades americanas que colocam, igualmente, como cadeiras curriculares, em cursos de engenharia, a filosofia ou os estudos culturais. Julgo que não é muito difícil descortinar as razões que estão por detrás destas opções.

Dentro das humanidades, a literatura ocupa seguramente o lugar ao mesmo tempo mais emblemático, mas também problemático, pois é aí onde mais se afirmam como elementos estruturantes e incontornáveis, além da ambiguidade e da imaginação, as incertezas, as inquietações, os conflitos, a pluralidade, a diversidade existencial, a não convencionalidade.

O que faz da literatura o maior depositário de conhecimento é o fato de nela estarem representados não só o conhecimento que existe, mas também o que poderia existir. É por isso que a literatura pode ser considerada a "omnipotência da possibilidade", nas palavras de Soren Kierkegaard, ou "essa iminência de uma revelação que não se produz", segundo o escritor argentino Jorge Luis Borges.

A literatura, nos seus diferentes gêneros e formas recorre a, pelo menos, dois poderosos ingredientes para se instituir como espaço, por excelência, da representação do homem e de tudo o que lhe diz respeito: a linguagem e a imaginação. Se a linguagem, independentemente dos efeitos estéticos de que possa estar investida, interliga a literatura com o mundo, a imaginação, por seu lado, amplifica, muitas vezes de forma desmesurada e desconcertante, esse mesmo mundo, que é sempre um mundo possível, tornando-o mais apelativo, mais fantasioso, mas, ao mesmo tempo, mais real. Muitas vezes, dolorosamente real.

É o que, de certo modo, nos sugere Lewis Nkosi, escritor e crítico sul-africano, para quem um poeta, ou um escritor, deve incorporar os pensamentos e as emoções silenciadas do seu próprio povo. Numa confissão revelada por Phakama Mbonambi (2011), Nkosi, tendo em conta o seu próprio percurso e de muitos negros na era do *Apartheid*, concebe a existência de dois tipos de realidade: um, que tem a ver com os dias terríveis vividos então, e o outro, segundo ele, muito mais poderoso, que tinha a ver com o mundo dos livros que lia e que funcionava como uma forma de escape, um escudo contra a vida da depravação social por ele vivida.

É, pois esta capacidade representacional incomensurável que permitiu que a literatura – enquanto arte e encenação desconcertante do conhecimento, da linguagem, de pensamentos, emoções, utopias, incertezas, aspirações, particularismos existenciais e do inconformismo individual e coletivo –, se instituísse como um dos instrumentos mais portentosos de afirmação dos que, na cartografia dos imaginários, não tinham voz ou dos que procuravam pôr em causa todas as formas de hegemonia cultural, ética e ou civilizacional. Neste particular, jogam um papel fundamental as literaturas africanas que, fruto de uma imaginação inquieta e celebrativa, não só concorreram para alargar, problematizar e enriquecer a própria ideia de humanidade, mas também da própria literatura.

Sem perder de vista o dominante sentido misto de literatura e compromisso com o humano que atravessa assinalavelmente as literaturas africanas, Chinua Achebe (2000: 33, 34) assume que "it began to dawn me that although fiction was undoubtedly fictitious it could also be true or false, not with the truth or falsehood of a news item but to its disinterestedness, its intention, its integrity", e entende que existem três razões para se ser escritor: a primeira é que há, em cada um de nós, uma poderosa urgência em contar uma história; a segunda é que há pressões de uma história à espera de sair e a terceira é que há um projeto digno de um esforço considerável que se terá de suportar para transformá-lo em fruição.

Pode, então, a literatura ser conhecimento? E que tipo de conhecimento? A literatura tem que necessariamente produzir um conhecimento proposicional, formal? Em contraponto a este tipo de conhecimento, entendemos que é enquanto conhecimento suposicional que as artes, em geral, e a literatura, em particular, manifestam a sua singularidade.

Reinvenção permanente de mitos, a literatura permite-nos ter uma imagem do ser humano no que ele tem de mais arquetípico, essencial e perene, mas também ao mesmo tempo no que ele enuncia de si próprio enquanto ser histórico e contingente.

No poema "Winds of Change", o poeta Rui Knopfli pinta-nos um quadro social inerente a Moçambique no contexto colonial, em plena década de 60, quando se agudizavam as tensões entre, pelo menos, duas ordens existenciais, através de sugestões e premonições que concedem maior densidade dramática e relevância aos próprios fatos:

Ninguém se apercebe de nada.
Brilha um sol violento como a loucura
e estalam gargalhadas na brancura
violeta do passeio.
É África garrida dos postais,
o fato de linho, o calor obsidiante
e a cerveja bem gelada. [...]
Passam. Passam
e tornam a passar.
Ninguém se apercebe de nada.

A ideia da literatura como espaço de conhecimento específico, haja em vista o homem, os condicionalismos históricos e as relações daí decorrentes, está também profundamente presente em José Craveirinha. No poema "Fábula", por exemplo, vemos metaforizada a problematicidade da condição humana vincando-a no que ela tem de mais sórdido e desconcertante sem que a verificação e a testabilidade se tornem impositivos para a legitimidade do texto e do que ela faz significar, bem como dos saberes aí dramatizados:

Menino gordo comprou um balão
e assoprou
assoprou com força o balão amarelo.

Menino gordo assoprou
assoprou
assoprou
o balão inchou
inchou
e rebentou!

Meninos magros apanharam os restos
e fizeram balõezinhos.

E aqui a literatura cumpre-se como representação que se faz conhecimento e nos catapulta para outra ordem de conhecimentos que se esteiam na coerência e consistência argumentativas das nossas interpretações, na conjugação entre a história e as teorias literárias, na nossa própria experiência como leitores, fatos que não dispensam a nossa condição de sujeitos inseridos num determinado círculo existencial e imaginativo.

Mantém-se, pois, válida e instrutiva a asserção aristotélica de a profundidade da literatura decorrer do fato de ela se ocupar não só do que aconteceu, mas do que poderia ter acontecido. Por isso, assumimo-la como "metáfora epistemológica", no dizer de Umberto Eco, onde se tecem conjuntamente os diferentes saberes e os diferentes códigos, numa visão plural e multifacetada do mundo.

E é esta diversidade e pluralidade que encontra, por exemplo, nos estudos literários comparados um campo privilegiado de afirmação. Aqui, procuramos o que nos une, na experiência contrastiva de textos de outros tempos e de outras latitudes. Na comparação, rastreamos, afinal, o mapa multicultural da humanidade.

Tratando-se de um conhecimento tácito, subjetivo, implícito, não formal, latente e potencial, a literatura responde com maior propriedade e eficácia às inquietações e solicitações do nosso tempo, indo além do conhecimento considerado exato ou objetivo, normalmente explícito, intencionado, formal e manifesto.

Por outro lado, é na sua função transformadora onde reside uma das maiores virtualidades do fenômeno literário. Se a criação é, em si, transformação, a interpretação é um acontecimento que nos transforma e que fundindo horizontes, a do autor e do leitor, alarga, de forma ilimitada, a nossa compreensão do mundo e de nós próprios.

Associada ao lazer, entretenimento, prazer, evasão da realidade, a literatura surge invariavelmente debaixo de um feroz preconceito em relação à sua seriedade e utilidade, o que a coloca invariavelmente numa situação de grande precariedade epistemológica. Daí que defendamos que a sua utilidade reside precisamente na sua pretensa inutilidade.

Conclusão

Termino, tentando responder a uma inquietação manifestada, numa recente entrevista concedida, por um renomado sociólogo do nosso tempo, que dizia: "É muito difícil dizer a um estudante que um poema pode ajudar à sua empregabilidade".

E eu responderia: não existe uma relação direta, lógica e de implicação entre conhecimento da cultura, da arte e da literatura, por um lado, e o sucesso profissional, por outro. Aliás, o que reforça a incomodidade e a suspeição das pessoas em relação à literatura é que ela não responde aos apelos imediatos da vida e do dia a dia. Assim, o poema pode não ajudar na empregabilidade, mas há de predispor o estudante a ser mais criativo, sensível, largo de espírito, a saber relativizar o mundo e sobretudo irá ensiná-lo a pensar.

E o que mundo hoje menos precisa, não é o exército de autômatos que alimentam o mercado de trabalho e a sociedade, em geral, mas de seres pensantes, críticos, criativos e livres. E, se possível, cultos. A imaginação é indiscutivelmente uma das maiores ferramentas para sobreviver e vencer no mundo contemporâneo. E a cultura, a arte, a literatura, em particular, um dos caminhos privilegiados para chegarmos a ela e nos reinventarmos.

Referências

ACHEBE, Chinua. *Home and Exile*. Oxford: University Press, 2000.
APPADURAI, Arjun. *Dimensões culturais da globalização*. Lisboa: Teorema, 2004.
CRAVEIRINHA, José. *Karingana Ua Karingana*. Maputo: INLD, 1982.
ECO, Umberto. *Obra aberta*. 7. ed. São Paulo: Perspectiva, 2005.
GADAMER, Hans-Georg. *Verdade e Hermenêutica*. 3. ed. Petrópolis: Editora Vozes, 1999.
KNOPFLI, Rui. *Memória consentida. 20 anos de Poesia 1959/1979*. Lisboa: Imprensa Nacional, Casa da Moeda, 1982.
LLOSA, Mario Vargas. "La civilización del espectáculo", Babelia, *El País*, 22 jan. 2011.
MBONAMBI, Phakama. "The beautiful mind of Lewis Nkosi", *Wordsetc, South African Literary Journal*, First Quarter, p. 24-31, 2011.
VATTIMO, Gianni. *O fim da modernidade. Niilismo e Hermenêutica na cultura pós--moderna*. São Paulo: Martins Fontes, 2002.
VERDE, Filipe. *Explicação e Hermenêutica*. Coimbra: Angelus Novus, 2009.

Intersecções afro-luso-brasileiras na poesia de Noémia de Sousa, José Craveirinha e Rui Knopfli
e o estabelecimento do cânone literário moçambicano[8]

Introdução

Surgindo na esteira da literatura ocidental, em geral, e contemporâneas das estéticas da modernidade nas suas multifacetadas e dinâmicas manifestações, as literaturas africanas irão, desde as origens, transportar duas dimensões de caráter exógeno e que, tendo sido apropriadas pelos nativos, ditariam o sentido do seu perfil cultural.

Esse é um fato que terá tanto de problemático como de harmonioso. Referimo-nos, mais exatamente, aos modelos estéticos, por um lado e à língua portuguesa, por outro, principal veículo de afirmação tanto dessas literaturas como dos seus autores.

Com uma existência quase centenária e atendendo ao contexto histórico e político em que se inicia o seu percurso, as literaturas africanas vão traduzir, enquanto fenômeno de escrita, uma profunda complexidade do ponto de vista da sua configuração estética, temática, ideológica e cultural por surgirem como espaço de cruzamentos plurais e diversificados que, ao mesmo tempo, projetam e perturbam a própria ideia de cânone. Isto é, enquanto conjunto de referências prescritivas, imutáveis e intorneáveis.

---

8   In: *XXIII Congresso Internacional da Associação Brasileira de Professores de Literatura Portuguesa (ABRAPLIP)*. São Luís, Maranhão, Brasil, 11-16 de set. 2011.

No seu percurso e na forma como as escritas posteriores irão incorporar, legitimar e expandir as linhas de força de uma literatura fundacional, permitirão, por um lado, revelar a permanência e a fecundidade dos textos fundadores e, por outro, a versatilidade e diversidade dessas referências iniciais.

Propomo-nos, aqui, refletir sobre a encruzilhada cultural e literária representada pela poesia de Noémia de Sousa (NS), José Craveirinha (JC) e Rui Knopfli (RK) e como ela se instituiu como fundamento e inspiração para as gerações que se lhes seguiram. Iremos, por outro lado, explorar uma ideia de cânone que, esperamos, ultrapasse a dimensão estática, hierarquizadora e excludente, cristalizada na cultura ocidental.

A intersecção luso-brasileira: da convergência ao distanciamento

Num conjunto de entrevistas, intitulado *Moçambique – Encontro com Escritores*, vol. I (1998), da autoria de Michel Laban, os depoimentos de Noémia de Sousa e José Craveirinha, entre os vários que aí se encontram, exprimem a intensa e significativa presença das culturas e das literaturas portuguesa e brasileira na formatação intelectual das elites e dos escritores africanos. Como exemplo, temos o caso de Noémia de Sousa que nos deixa a seguinte revelação: "Eu e meu irmão líamos aquelas coisas todas [Oliveira Martins, Eça de Queirós, Balzac, Jorge Amado, escritores neorrealistas, Drummond] que tiveram muita influência nos interesses que eu tive depois" (Laban 1998: 245).

Por sua vez, confessa José Craveirinha: "eu muito novo folheei Victor Hugo, li Zola, Eça de Queirós, o Garrett [...] Antero e Guerra Junqueiro [...] E Camões, o meu pai dizia Camões todo!" (Laban 1998: 49). Para, mais adiante, acrescentar:

> Mas antes do Cansado Gonsalves [cidadão português] [...] a pessoa que nos marcou bastante, a mim e à Noémia, [...] é o Cassiano Caldas [também cidadão português]. É um sujeito que estava aí e que nos deu uma consciência política e livros já com uma temática, daquela fase neo-realista portuguesa [...] Depois aparece aquela avalanche dos brasileiros: [...] Jorge Amado, o Graciliano Ramos, a Rachel de Queiroz..." (Laban 1998: 83).

Rui Knopfli, que nos aparece no segundo volume da obra de Laban, é o mais prolífero de todos eles e que recuando a Camões e Sá de Miranda e desembocando em Fernando Pessoa, vai vertendo alguns dos nomes mais emblemáticos tanto da literatura portuguesa como brasileira e que concorreram substancialmente para a sua formação como poeta e intelectual. Aliás, é ele quem vai assumir, na sua criação poética, e de forma explícita, essa e outras presenças literárias que fariam dele, no espaço de língua portuguesa, um dos casos mais notáveis e exuberantes de intersecção literária.

É, precisamente no poema "Contrição", em *Mangas Verdes com Sal* (1969), onde cabotino e provocatório, Knopfli encena como que uma celebração grandiloquente dos autores que o marcaram:

> Aqui se detecta Manuel Bandeira e além
> Carlos Drummond de Andrade também
> brasileiro. Esta palavra *vida*
> foi roubada a Manuel da Fonseca
> (ou foi o russo Vladimir Maiacovsky
> quem a gritou primeiro?). Esta,
> *cardo*, é Torga indubitável, e
> se Deus Omnipresente se pressente,
> num verso só que seja, é um Deus
> em segunda trindade, colhido no Régio
> dos anos trinta. Se me permito uma blague,
> provável é que a tenha decalcado em O'Neill
> (Alexandre), ou até num Brecht
> Mais longínquo. Aquele repicar de sinos
> Pelo Natal é de novo Bandeira
> [...]
> Felizmente, é pouco lido o detractor de meus versos,
> senão saberia que também furto em Vinícius,
> Eliot, Robert Lowell, Wilfred Owen
> e Dylan Thomas. No grego Kavafi
> [...]

Que subtraio de Alberto de Lacerda
e pilho em Herberto Hélder e que
– quando lá chego e sempre que posso –
furto ao velho Camões. Que, em suma,
roubando aos ricos para dar a este pobre,
sou o Robin Hood dos Parnasos e das Pasárgadas. (p. 201)

Tanto Noémia como Craveirinha e Knopfli, juntamente com outros nomes como Fonseca Amaral, Orlando Mendes, Virgílio de Lemos, Aníbal Aleluia e Rui Nogar, e à volta de publicações como *Jornal da Mocidade Portuguesa*, *Itinerário*, *O Brado Africano* ou *Msaho*, entre os anos 40 e 50, estarão nos fundamentos não só de uma tradição literária moçambicana, mas também do cânone que irá prevalecer, onde confluem e ressoam outras vozes, outras experiências estéticas e culturais que, em determinado ângulo, têm Portugal e o Brasil como referências privilegiadas. Nomes como João Albasini e Rui de Noronha forjaram, nas décadas de 20 e 30, respectivamente, alguns dos sedimentos estéticos que marcariam o percurso da literatura moçambicana.

Se a língua portuguesa se institui como uma ponte fundamental que assegura essa confluência, o processo histórico, no seu todo, decorrente da colonização, acaba por jogar um papel determinante. Era, pois, através da língua, dos valores e das referências culturais do colonizador que se processava tanto a formação das elites africanas, como, muito particularmente, a sua iniciação literária.

A presença, na então colônia de Moçambique, de intelectuais aí radicados, quando não mesmo desterrados, sobretudo oriundos da esquerda portuguesa, funcionaria como um fator marcante para despertar nos jovens de então, através dos livros que chegavam de navio da Europa ou do Brasil, um interesse genuíno por outras culturas e por outras visões do mundo.

E o que sobressai, no tocante às intersecções que se reconhecem nos textos dos poetas aqui analisados, é a tendência, visível e palpável, de conciliar os elementos estéticos objetos de apropriação, com as profundas preocupações temáticas, estéticas e ideológicas que moviam esses jovens e que, de algum modo, caracterizavam a sua época.

E, claramente, uma dessas preocupações prendia-se com a necessidade de afirmação de um território literário, cultural e intelectual próprio e que não perdesse de vista, muito pelo contrário, a contestação do sistema colonial, e a denúncia do estendal de injustiças que se viviam diariamente no território.

Num poema intitulado "Samba", de Noémia de Sousa, acompanhamos não só a associação de ritmos, mas também dos destinos de dois povos, feitos um só, na vertigem de uma memória indignada e inconformada:

> Ritmos fraternos do samba,
> herança de África que os negros levaram
> no ventre sem sol dos navios negreiros
> e soltaram, carregados de algemas e saudade,
> nas noites mornas do Cruzeiro do Sul!
> Oh ritmos fraternos do samba,
> acordando febres palustres no meu povo
> embotado das doses do quinino europeu...
> Ritmos africanos do Samba da Baía,
> com maracas matraqueando compassos febris
> – Que é que a baiana tem, que é –
> violões tecendo sortilégios xicuembos
> e atabaques soando, secos, soando...
>
> Oh ritmos fraternos do samba!
> Acordando o meu povo adormecido à sombra dos embondeiros,
> dizendo na sua linguagem encharcada de ritmos
> que as correntes dos navios negreiros não morreram não,
> só mudaram de nome,
>
> mas ainda continuam,
> continuam,
> os ritmos fraternais do samba! (p. 98; 99)

Assim como no "Poema a Jorge Amado", ainda em Noémia, na ânsia de uma utopia povoada de sonoridades e colorações místicas, quase patéticas:

O cais...
O cais é um cais como muitos cais do mundo...
As estrelas também são iguais
Às que se acendem nas noites baianas
De mistério e macumba...
(Que importa, afinal, que as gentes sejam moçambicanas
Ou brasileiras, brancas ou negras?) (p. 136)

Tal como Noémia, José Craveirinha intersecta nas vibrações e no ritmo do próprio poema, realidades à partida tão distantes, mas que têm assumidamente um denominador comum, como em "Roteiro":

África das minas do Transval
África das roças brasileiras
África dos canaviais cubanos
África das tardes de futebol no Maracanã
tu África dos candomblés na Baía
África das roletas nos casinos de Havana
África do samba nas favelas do morro (p. 98)

Podemos, pois, observar que, no processo de apropriação que se assiste no despontar do sistema literário moçambicano, fato que será, de certo modo, uma constante nos autores que se lhes seguirão, ficam vincadas estratégias de afirmação de um determinado ideário literário e identitário. Ideário que, entre outros aspectos, irá resultar da recriação e valorização de tradições estéticas e culturais já estabelecidas, neste caso particular, de Portugal e do Brasil.

Na reinvenção dessas tradições, é notório o jogo de convergências que cada um dos poetas em referência realiza não só para marcar um estilo próprio, mas também para assegurar legitimidade e legibilidade estéticas às angústias, percepções, aspirações e visões de mundo que dominavam o seu círculo privado e coletivo.

E é exatamente pela sua vocação coletiva, que tanto a poesia de Noémia de Sousa como a de José Craveirinha manifestam, com vigor indisfarçado, as ressonâncias neorrealistas que provêm tanto da literatura brasileira, como da literatura portuguesa. São de Noémia as palavras que se seguem em que ela interpreta essa ligação quando se refere à ação de

Cassiano Caldas: "Também li coisas, ele indicou-me livros... Foi ele, por exemplo que me introduziu ao Jorge Amado, a escritores assim nesse gênero, aos neorrealistas portugueses, e tudo" (Laban 1998: 276).

E os modelos que se destacavam, de um e de outro lado, eram o já referenciado Jorge Amado, bem como Graciliano Ramos, José Lins do Rego, por um lado, e Alves Redol, Soeiro Pereira Gomes, Afonso Ribeiro, Carlos de Oliveira, Joaquim Namorado, entre outros.

Tendo como pano de fundo as iniquidades e arbitrariedades da sociedade colonial, Noémia e Craveirinha surgem-nos como porta-vozes dos milhões de deserdados africanos, condenados na sua própria terra, numa inevitável analogia com o discurso realista, revoltado e inconformista, misto de ativismo político e ideológico, atento às desigualdades sociais, que irrompia das páginas que têm como palco ou as terras inóspitas do sul da Europa, ou o nordeste brasileiro.

É assim que o sujeito que aí emerge encontra-se aquém de uma dimensão cósmica, mas muito além do individual, instituindo-se sobretudo como sujeito social, tal como o podemos perceber em "Um céu sem anjos de África", de José Craveirinha:

> E ainda não temos um talhão de céu azul para todos
> e novamente uma África para amar à nossa imagem
> num anjo verdadeiro anjo também cor da nossa pele
> e da mesma carne mártir de feitiços estranhos
> e o nosso sangue vermelho vermelho quente
> como o sangue vermelho de toda a gente.

Sem nunca perder de vista o contexto em que se insere, nem os dramas e os conflitos que aí se assistem, a poesia de Rui Knopfli que, num momento inicial, reescreve o apelo neorrealista, flecte, em seguida, por um caminho onde recupera superiormente as trepidações modernistas de um Fernando Pessoa, de um Manuel Bandeira ou de um Carlos Drummond de Andrade. E aí mais do que a perseguição de uma subjetividade lírica e umbilicalista, deparamo-nos com as múltiplas dispersões do "eu" que ora mergulha num "nós" difuso, ora se confronta com um "eles" que o desconcerta, ora se fixa em si próprio procurando situar-se no xadrez existencial que a linguagem recria, instaura e cujos limites desafia:

....
Não ando, não me arrasto.
Tão pouco permaneço. [...]
Contudo, quieto, imóvel,
minam-me alucinantes taras,
desencontros, lampejos, quebrantos,
instáveis desmoronamentos.
Pior do que a cama ou a cadeira
simulo surdamente viver.
   "Modern Afterwards" (p. 61)
....
Todavia parámos e vamos erguendo os olhos.
Não sei o que se passa,
todavia erguemos os olhos onde nenhuma
contrariedade apaga
esta fraca força de sempre esperar.

E esperamos.
   "Espreita o inescrutável" (p. 66)

 Inquieto, desafiador, irônico, mistificando as emoções que o acometem, entre a crítica corrosiva e sutil, virando-se recorrentemente para questões universalistas, Rui Knopfli manifesta uma das expressões poéticas mais singulares de uma nova consciência em relação à realidade moçambicana e aos conflitos e tensões que aí se desenrolavam, num processo constante de redescoberta do mundo que o rodeia e dos sujeitos que o povoam. A começar por ele próprio. Colocado no centro da irreverência fragorosa que caracterizaria toda uma geração, vemo-lo mergulhado no turbilhão das irresoluções, tensões e ambiguidades provocadas pela sua condição racial e pela sua ascendência europeia. E o corte edipiano tentado e nem sempre conseguido transformá-lo-á numa das maiores metáforas da ambivalência identitária e cultural nas literaturas africanas de língua portuguesa, como podemos verificar, desde o seu paradigmático poema "Naturalidade":

Chamais-me europeu? Pronto, calo-me.
Mas dentro de mim há savanas de aridez
E planuras sem fim
Com longos rios langues e sinuosos,
Uma fita de fumo vertical,
Um negro e uma viola estiolando. (RK, p. 59)

aos enigmáticos "Poemazinho reaccionário para uso particular" e "Amputação":

Tenho uma flor. Pálida.
Não uma flor difícil,
não uma rosa multicolor,
complicada, de um jardim secreto.
Não uma flor agreste, uma flor
de micaia, flor da minha terra,
que sou desenraizado. (p. 142)

Algo, em mim, está morto.
O lado direito inerte, ausente,
de mim está alheio.
Do lado esquerdo
o fito
como se a um outro
olhasse. (p. 144)

A intersecção africana: reinventar a diversidade e pluralidade do campo referencial e existencial

Como a África se faz presente, como é que ela se institui como valor dominante, numa escrita que, como antes referimos, não só é tributária dos valores estéticos impostos pela colonização, como também os seus cultores têm a sua formação e parte substancial do seu horizonte cultural, ético e civilizacional sedimentado e norteado pelas lógicas do Ocidente?

O meio africano oferece-nos, na percepção da nigeriana Tanure

Ojaide (2009: 10), referências, a fonte de imagens e o simbolismo para a experiência africana expressa nos trabalhos literários. Sintomaticamente, quem inaugura a representação literária de África e dos africanos é o próprio colonizador. Só que numa perspectiva onde, por um lado, era clara a sobreposição do seu próprio imaginário, e, por outro, predominavam ora as representações deslumbradas e exóticas do espaço africano, ora as figurações desprestigiantes e aviltantes dos nativos reduzidos a uma infame e clamorosa insignificância. Referimo-nos precisamente à literatura colonial.

A ruptura e o significado fundamental realizado pelas literaturas africanas reside na inversão da ordem acima referida em que, mesmo que embebidas no caldo cultural e linguístico trazido pela ocupação, concentram a sua atenção na valorização e no reconhecimento das realidades locais em todas as suas manifestações. Escrever representou não só um ato insurrecional, ao pôr em causa modelos representacionais estabelecidos, mas também um processo de redignificação humana, cultural e territorial.

O autoconhecimento, entre outras possibilidades, significava restaurar e revalidar, com eufórica e festivamente, uma identidade celebratória, enfaticamente abraçada a um espaço ao mesmo tempo real e emblemático:

> Oh!
> Meus belos e curtos cabelos crespos
> e meus olhos negros como insurrectas
> grandes luas de pasmo na noite mais bela
> das mais belas noites inesquecíveis das terras do Zambeze
> (JC, *Xigubo*, p. 33)

> Ah, essa sou eu:
> Órbitas vazias no desespero de possuir a vida,
> [...]
> Torturada e magnífica,
> altiva e mística,
> África da cabeça aos pés,
> – ah, essa sou eu: (NS, p. 49)

Ah, ouvidos e olhos cansados de desolação
e de europas sem mistério,
provai a incógnita saborosa
deste fruto verde,
destes espaços frondosos ou abertos,
destes rios diferentes de nomes diferentes,
rios antigos de África nova,
correndo em seu ventre ubérrimo
e luxuriante.
Rios, seiva, sangue ebuliente,
veias, artérias vivificadas
dessa virgem morena e impaciente,
minha terra, nossa Mãe! (RK, p. 116)

Nos três exemplos, na grandiloquência do gesto poético, mais do que fazer dele apenas um ato reivindicativo e performático (atente-se nos exclamativos "ah" e "oh"), trata-se, no essencial, de um exercício simultaneamente de desocultação e de vocalização de emoções, de apelos e de percepções. O sujeito existe aí porque existe uma dimensão telúrica que o preenche e lhe dá sentido, muito para além da sua própria subjetividade.

E veremos o mesmo sujeito emergir do alto da sua inflamada indignação, enquanto arauto de uma revolta histórica e coletiva, afrontar belicosa e provocatoriamente o dominador:

E as vozes rasgam o silêncio da terra
Enquanto os pés batem
Enquanto os tambores batem
E enquanto a planície vibra os ecos milenários
Aqui outra vez os homens desta terra
Dançam as danças do tempo da guerra
Das velhas tribos juntas na margem do rio.
(JC, *Xigubo*, p. 10)

Se África nos surge, nas suas múltiplas valências e em reação a um determinado contexto histórico, aparelhada a expressões identitárias vitalistas, genuínas e convergentes na sua força reivindicativa e contestatária, encontramos, também, outros planos discursivos que nos revelam as complexidades, perplexidades e singularidades geradas pela colonização. Nessa África plural e diversa, a identificação pode também ser problemática e desconcertante, quando não dolorosa, como fizemos referência acima, em relação a Rui Knopfli.

Mas o que os une, na estratégia de reconhecimento e de recuperação de si próprios e de um mundo que ganha forma na palavra que se faz revelação ao encontro de uma nação cultural em devir, é uma espécie de volúpia da descoberta materializada, afinal, na própria enunciação através da consagração das línguas africanas (JC, "ronga, macua, suaili, changana, xitsua e bitonga"), da convivência e da subversão linguística (JC, "Voz de mufana / alagou a cidade com seus soluços de acusação / pequeno xipocuè a tremer de frio"), da onomástica (JC, "Tchaca, Mahazul, Dingana, Zichacha, Jambul"), da topografia (JC, "Zavala, Meponda, Chissibuca, Zongoene, Ribaué, Mossuril"), da hidrografia (RK, "Uanéteze, Sábiè, Zambeze, Púngoè, Umbelúzi, Lúrio, Rovuma"), da fauna (NS, "gala-gala, xitambelas, xipeia"), da flora (RK, "micaia, girassóis, acácias"), etc.

Do cânone como dimensão necessária, dinâmica e estruturante

Independentemente de todos os aspectos que foram ou poderiam ter sido destacados nos três poetas que estão aqui a ser objeto de estudo, um nos parece determinante na sua relação com uma dimensão canônica da literatura: o sentido inaugural da sua poesia, enquanto processo consciente e sistemático de ruptura com os padrões literários dominantes, sobretudo, os de literatura colonial.

Se esse processo, de certo modo, tinha já sido iniciado, de forma embrionária, antes com João Albasini e Rui de Noronha, é com os referidos poetas e outros que lhes são coevos, com destaque para Fonseca Amaral e Virgílio de Lemos, que não só se consuma a fratura estratégica com um determinado modelo de escrita, mas também se lançam as linhas de força que definiriam a trajetória de uma literatura. Emergindo num contexto social, histórico e cultural que se guiava dominantemente por outros padrões e outras lógicas, essas linhas de força significariam novas fontes de inspiração, amplificação de motivos e temas e, sobretudo, um assumido e renovado compromisso estético.

Toda a reflexão sobre o cânone convoca implicitamente uma ideia de valor, mais concretamente de valor estético. Isto é, "não há crítica ou teoria literária, por mais descritiva, na qual não esteja implícita uma posição de valor" (Avelar 2009: 11). Este, que não é estático nem a-histórico, mesmo quando existem correntes que procuram fazer-nos crer o contrário, tem, contudo, particularidades que asseguram a permanência das obras de arte, no tempo, e a sua receptividade e legitimidade, em ambientes culturais distintos.

Se é verdade que, como vimos, a intersecção com tradições e modelos estéticos já cristalizados no Ocidente asseguraria a legibilidade das literaturas despontando das periferias, por outro lado, os tópicos de ruptura e de inovação poderiam funcionar como fator de perturbação para o objetivo de criar uma literatura de orientação dominantemente africana. Julgamos que o efeito foi exatamente o contrário, se tivermos em linha de conta a relação dialógica e sincrética que essas literaturas estabeleceram com o modernismo, pelo espírito e pelas características que ele transportava (ruptura, inovação, experimentalismo). Aliás, para Tanure Ojaide (2009: 15), "modernist techniques become tools used to express the multifarious modern African experience as lived or perceived by the writers".

Portanto, apesar de ser um movimento com origem no Ocidente, o modernismo funcionou como catalisador das aspirações afirmativas das literaturas africanas. Por outro lado, devido às suas manifestas preocupações formais, concorreu para que no processo de afirmação, as literaturas africanas, e muito particularmente a poesia moçambicana, dominante nas primeiras décadas do surgimento desta literatura, produzisse um escol de poetas para quem as questões estéticas tinham uma relevância equivalente a dos temas e ideias que a sua poesia veiculava.

Não é, pois, por acaso que, ao longo do percurso da poesia e da literatura moçambicana, em geral, as principais linhas de força que caracterizam os textos fundadores, seja numa perspectiva mais subjetiva e intimista, como os de Rui Knopfli, seja numa óptica mais englobante e realista, como os de Craveirinha e Noémia de Sousa, acabam por ser não só uma das principais fontes de inspiração das gerações que lhes sucedem, mas também modelos de orientação em termos de criação literária.

Assim, se por um lado, com a sua produção poética, os três concorreram, à imagem de muitos outros de outras latitudes para além do raio consagrado pelo Ocidente, para perturbar e alargar os cânones dominantes da literatura ocidental, por outro lado, instauraram, no seu espaço literário, elementos canônicos próprios. Estes, sem serem intencionalmente hierarquizadores e excludentes, contribuíram para uma configuração sistêmica da literatura moçambicana, onde a questão do valor acabará por determinar a fecundidade receptiva e crítica de alguns autores e algumas obras bem como a sua permanência no imaginário coletivo.

Conclusão

Como sabemos, a literatura é, para todos os efeitos, um processo de reescrita, quer de outras escritas quer do mundo de que se faz parte. Trata-se também de um processo de apropriação que concorre inevitavelmente para a afirmação de uma determinada especificidade criativa, seja ele individual, seja ela coletiva, retomando e recriando linguagens, temas, estilos e tradições.

No caso concreto das literaturas africanas, e tendo em conta os exemplos aqui privilegiados, na reinvenção de uma tradição literária determinada, elas cumpriram, na origem, e não só, o papel de darem forma a modelos de escrita que seriam nutridos tanto por particularismos estéticos, linguísticos, históricos, geográficos, socioculturais, bem como por uma necessidade de afirmação de uma mundividência identitária e literária própria que se caracterizaria por uma relação de ambivalência com as fontes que inspiraram os seus autores.

Isto é, colocar-se-iam na fronteira inspiradora e instigante entre a absorção de modelos instituídos e o apelo quase messiânico a uma ruptura criadora que asseguraria, no caso específico da instituição do cânone na literatura moçambicana, profundas convergências, tanto em função da língua portuguesa, como em função das derivas estéticas, com as literaturas portuguesa e brasileira.

Referências

AVELAR, Idelber. "Cânone literário e valor estético: notas sobre um debate do nosso tempo", 2009: http://www.abralic.org.br/revista/?n=15.
CRAVEIRINHA, José. *Cela 1*. 2. ed. Maputo: INLD, 1980.
CRAVEIRINHA, José. *Xigubo*. 2. ed. Maputo: INLD, 1980.
KNOPFLI, Rui. *Memória consentida. 20 anos de Poesia 1959/1979*. Lisboa: Imprensa Nacional, Casa da Moeda, 1982.
LABAN, Michel. *Moçambique – Encontro com escritores*. v. 1, Porto: Fund. Eng. António de Almeida, 1998.
OJAIDE, Tanure. "Examining Canonisation in Modern African Literature", *Asiatic*, v. 3, Number 1, June, 2009: http://asiatic.iium.edu.my/v3n1/article/Tanure_Ojaide/Tanure.
SOUSA, Noémia de. *Sangue negro*. Maputo: AEMO, 2001.

Ensino Superior em Moçambique:
políticas, formação de quadros e construção da cidadania[9]

Introdução

Falar em ensino superior implica necessariamente convocar um ideal de cidadania. Em teoria, cidadania na sua dimensão mais ampla e próxima de uma certa plenitude por transcender a acepção e a prática política prevalecente, no jogo, nem sempre equilibrado e nem sempre justo, quando não excludente, entre direitos e deveres, entre processos de sufrágio e de exercício do poder.

Assim, se por um lado, o espaço universitário é, na sua essência, um lugar democrático, por excelência, por outro, a formação a esse nível assegura, em princípio, competências que determinam uma visão mais alargada e flexível e um envolvimento mais consistente e consequente em prol do desenvolvimento e do bem-estar dos países.

Afinal, a instrução funciona e funcionou, em quase todas as sociedades e em quase todos os tempos, como fator diferenciador e legitimador de uma determinada condição e de um certo compromisso cívico e político atinente com o ideal de bem público.

Se o foi no passado, é-o ainda mais nesta nossa galopante e, muitas vezes, indiscernível contemporaneidade que instituiu o conhecimento como ferramenta essencial para a realização pessoal, social e profissional.

---

9   In: Congresso *Portugal e os PALOP: Cooperação na área da Educação*. Centro de Estudos *Africanos*. Instituto Universitário de Lisboa (ISCTE-IUL), 29-30 mar. 2010.

Aos instruídos são, em princípio, reservados papéis e exigidas qualidades que os singularizam na sua participação quer nos assuntos de Estado quer nas múltiplas e diversificadas realizações que dinamizam e moldam as nações. E esses papéis e qualidades, sempre ancorados a uma idealização e prática de cidadania, tornam-se mais acentuados quando se fala em ensino superior.

Olhando para o percurso pós-independência, relativamente recente (35 anos) de um país como Moçambique, é esclarecedor observar que a percepção do Estado, enquanto definidor das políticas educacionais, muito especialmente em relação ao ensino superior, reflete um marcado sentido de cidadania no que concerne ao perfil dos graduados e ao que deles se espera.

Sentido que traduz, em diferentes momentos, não só as tendências de uma ordem mais global, mas também, e sobretudo, as exigências e as responsabilidades que se colocam internamente tendo em conta aqueles que são definidos como os grandes desafios do próprio país.

Naturalmente que não pomos de lado a inevitável tentação e possibilidade de vermos questionados tanto a eficiência dessas políticas, bem como a sua eficácia tendo em conta o que elas preconizam e o que efetivamente se verifica no terreno, bem como os seus impactos. Todavia, o que dificilmente pode ser recusado, é a legitimidade intrínseca das intenções e das políticas avançadas, por se inscreverem numa vontade mais ou menos genuína de afirmação de soberania quanto de um olhar transformador, quando não utópico, em relação ao futuro.

Políticas do ensino superior em Moçambique e configurações da formação de quadros

A história recente de Moçambique é, genericamente, dividida em dois grandes momentos, tendo quase sempre como pressupostos a orientação político-econômica dominante: assim, teríamos um primeiro momento que iria de 1975 a inícios da década de 90, e um segundo momento que se iria dessa altura até aos nossos dias.

Assim, tendo como pano de fundo a fragmentação do mundo em dois grandes blocos política, econômica e ideologicamente demarcados no âmbito do que se convencionou chamar de "guerra fria", o primeiro momento caracteriza-se por um assumido sentido revolucionário com forte apelo socialista e que ditaria que os pressupostos das políticas educacionais aí definidas refletissem uma visão de mundo determinada.

Numa obra intitulada *Higher Education in Mozambique* (2003), os seus autores recordam, a este propósito, que os quadros de então eram preparados para implementar o programa socialista na economia e na sociedade. A Universidade Eduardo Mondlane (UEM), a única que então existia, situação que se manteria até 1985, adotou uma perspectiva utilitária, banindo cursos que não eram considerados prioritários, preparando e formatando esses mesmos quadros com base na ideologia dominante, através, entre outros procedimentos, da doutrinação que era feita pela disciplina de Marxismo-Leninismo, cujo ensino era transversal a todos os cursos.

E uma questão essencial que ressaltava, nesse período, é que a carreira e a vocação individuais deviam subordinar-se ao interesse nacional. O ideal de cidadania que era proposto assentava numa base essencialmente coletivista. Isto é, perseguia-se um sentido de cidadania militante, convergente com os ideais orientados para a reconstrução e relançamento de um país, de uma nação emergindo da treva colonial, e onde a crença na edificação do "homem novo" se transformava numa palavra de ordem mobilizadora e dominadora. Acreditava-se que com a formação superior, os quadros iriam assegurar o desenvolvimento do país, materializando os princípios da ideologia instituída.

Com a viragem que se vai assistir quer no país quer no mundo, nos inícios da década de 90 – queda do Muro de Berlim e fim da "guerra fria", por um lado, e a adoção, por outro, no país de uma economia do mercado, de uma constituição liberal e o fim da guerra civil que deixaria marcas duradouras de destruição a todos os níveis – um novo entendimento do papel do ensino superior ganha vulto. É, nesta conformidade, que em 1991, um diploma governamental institui, por exemplo, os exames de admissão ao ensino superior.

Até aí, os estudantes matriculavam-se sem grandes limitações nos cursos oferecidos nas três instituições de ensino superior existentes, todas elas públicas, nomeadamente a UEM, a Universidade Pedagógica (entretanto surgida em 1985) e o Instituto Superior de Relações Internacionais (1986). Em 1993, o Parlamento aprova a criação do Conselho Nacional do Ensino Superior, com a função de aconselhar o Conselho de Ministros. A partir de 1995, surgem as primeiras universidades privadas.

Em cerca de dez anos, no que toca ao ensino superior, dar-se-ão passos significativos que traduziam não só profundas transformações políticas e socioeconômicas, como também uma nova perspectiva sobre a natureza e a função das universidades no relançamento de um país e de uma sociedade em busca de si própria.

O lançamento, em 2000, do *Plano Estratégico do Ensino Superior em Moçambique 2000-2010*, seria revelador do compromisso do Estado em relação aos grandes desafios que se colocavam ao próprio subsistema, às políticas a perseguir para responder ao crescimento e a complexidade que aí se verificavam e, finalmente, ao sentido de cidadania que estava subjacente no perfil dos quadros a formar.

Dez anos depois de definidas as políticas e as estratégias que deveriam ter colocado o ensino superior em Moçambique a ombrear, pelo menos, com as melhores universidades africanas, as contradições, as tensões, as indefinições, os desvios e as perversões que, entretanto, foram dominando o percurso do ensino terciário no país, mostram o quanto comprometido está todo o projeto de edificação de uma sociedade evoluída, competitiva, autossustentada e estruturalmente democrática.

Discutir o ensino superior é, para todos os efeitos, debruçarmo-nos sobre aquela que é a pedra angular da busca de excelência, a todos os níveis, no processo de desenvolvimento de um país.

Como expressão de um mal-estar, mais ou menos generalizado, no que concerne à orientação deste subsetor, o governo decidiu, há bem poucos dias atrás, coincidentemente numa altura em que me encontrava a preparar esta comunicação, suspender o licenciamento de novas instituições de ensino devido à manifesta falta de qualidade patenteada por muitas delas. Nessa constatação e nessa decisão tardia, o que prevalece, segundo as próprias autoridades, é a preocupação em encontrar um instrumento que assegure o cumprimento de padrões mínimos de qualidade tanto no licenciamento como no funcionamento das instituições.

Se até finais dos anos 80, se poderia falar de uma ideia de cidadania incorporada e alimentada pela educação, em geral, e pelo ensino superior, em particular, assente no princípio da sobreposição da ação do social sobre o indivíduo, a partir da década de 90, com todas as transformações que se assistiram no mundo e no país, o que se verifica, e por impulso da liberalização política e econômica, é a afirmação da responsabilidade e liberdade individuais sobre o social.

As regulamentações que ditam, em diferentes momentos, a orientação a ser seguida pelo ensino superior em Moçambique, traduzem quer as diferentes percepções sobre a natureza e papel do ensino superior, quer as tendências dos contextos políticos e socioeconômicos. Veja-se, por exemplo, a Lei nº 1/93, de 24 de Junho, a Lei nº 5/2003 de 21 de Janeiro e a Lei nº 27/2009 de 29 de Setembro.

Um fator decisivo em relação às orientações que o setor da educação, em geral, e do ensino superior, em particular, vai seguindo ao longo do tempo, prende-se com a manifesta dependência que o país apresenta em relação ao exterior. Se no momento pós-independência, essa dependência, sobretudo do ponto de vista ideológico, está atracada no bloco do Leste, a partir dos finais da década de 80 e decorrente dos compromissos que foram então assumidos, há um inequívoco ascendente do Ocidente, representado pelos Estados Unidos e por vários países europeus, quer de organizações financiadoras como o Banco Mundial.

Num estudo relevante e de impacto assinalável, da autoria de Joel Samoff e Bidemi Carrol, intitulado "The Promise of Partnership and Continuities of Dependence: External Support to Higher Education in Africa", apresentado ao 45º Encontro Anual da Associação dos Estudos Africanos, em 2002, em Washington, os autores analisam, com acuidade, as relações, quase sempre desequilibradas, quase sempre unívocas, e, por consequência, em parcerias muitas vezes equívocas, entre as universidades africanas e o Ocidente.

Os fluxos de conhecimento, de recursos financeiros, humanos e materiais, mesmo debaixo da capa de acordos de parceria que vão sendo estabelecidos, seguem sempre num sentido em que África é basicamente destinatária e beneficiária. Além de algumas cifras elucidativas desse desequilíbrio, o que o estudo nos revela é como se dá a flutuação do desempenho das instituições do ensino superior em África dependentes das oscilações de ajuda externa que vão, ou não, recebendo.

Assim, é aí referido que, na sequência de vários estudos encomendados pelo Banco Mundial que concluíram que, apesar dos subsídios que eram atribuídos ao ensino superior em África, aquele pouco contribuía para tirar da pobreza a maior parte da população. Daí que tenha havido uma recomendação, em 1988, para redirecionar a ajuda para o ensino básico.

A conferência de Jomtien, na Tailândia, em 1990, com o lema "Educação para Todos", acabaria por consagrar esta nova disposição, concorrendo para uma acelerada e acentuada fragilização das universidades africanas que viam, assim, substancialmente reduzida a ajuda que até aí lhes era concedida.

Outra demonstração desta fragilidade e das oscilações de desempenho e viabilidade do ensino superior em África, dá-se quando, também por iniciativa do Banco Mundial, é reconsiderado o apoio a dar a este subsetor de educação, em meados da década de 90. Concluía-se, através dos relatórios então publicados, que não havia nenhuma possibilidade de desenvolver as nações africanas sem um ensino superior que pudesse fornecer quadros e conhecimento com capacidade para introduzir as mudanças estruturais necessárias.

É, pois, neste contexto que em 2000, uma "task-force", sob os auspícios do Banco Mundial e da UNESCO conclui que

> countries need to educate more of their young people to a higher standard – a degree is now a basic qualification for many skilled jobs. The quality of knowledge generated within higher education institutions is becoming increasingly critical to national competitiveness.

(Samoff; Carrol: 2002: 14)

Na mesma altura, é revitalizado o apoio às instituições do ensino superior em África, através de agências como USAID, CIDA e NUFFIC, e simultaneamente surge um esforço coordenado por quatro fundações (Ford Foundation, MacArthur Foundation, Rockefeller Foundation e Carnegie Corporation of New York) que investiriam 100 milhões de dólares em universidades africanas, durante cinco anos.

Sintomaticamente, em 2000, será lançado o mais importante documento de políticas do ensino superior em Moçambique: referimo-nos ao *Plano Estratégico do Ensino Superior* (PEES) que, cobrindo a década 2000-2010, não só traça aquelas que são as grandes linhas orientadoras deste subsistema, como representa um momento privilegiado de pensar o ensino superior de forma englobante, sistemática e consequente.

Para uma cidadania efetiva: entre a idealização e a realidade

Numa intervenção localizada no tempo, mas de grande atualidade para o caso africano, Julius Nyerere (1968: 186), antigo estadista e educador, defendia, em 1967, que "the role of a university in a developing countries is to contribute; to give ideas, manpower, and service for the furtherance of human equality, human dignity, and human development". Esta é, claramente, uma perspectiva que está associada ao papel dominante que as universidades têm ou deveriam ter, globalmente assumido em África, não só como fator de transformação social e econômica, mas também de dignificação do homem e da própria sociedade. Isto é, trata-se da visão alargada, liberal e desenvolvimentista do ensino superior, em que prevalece um sentido de cidadania que procura privilegiar e associar conhecimento, igualdade e dignidade.

É, pois, esta vertente desenvolvimentista da universidade, segundo James Coleman (1984), que está subjacente na formulação do *Plano Estratégico do Ensino Superior (2000-2010)*, cuja visão assenta nos seguintes pressupostos:

- expansão do acesso ao ensino superior;
- melhoria da qualidade e relevância do ensino e da investigação;
- resposta às necessidades socioculturais do país e às transformações decorrentes da economia do mercado;
- promoção da equidade social, regional e de gênero;
- garantia da sustentabilidade através da promoção do equilíbrio entre as finanças públicas e privadas e da melhoria de gestão das instituições de ensino superior;
- apoio ao desenvolvimento da competitividade em termos regionais e internacionais de parceria com o governo e setor privado;
- apoio financeiro aos estudantes necessitados;
- diversificação e flexibilidade das IES, cursos, currículos e métodos de ensino;
- democracia, independência intelectual e liberdade acadêmica.

Olhando, hoje, para aquilo que é a situação do ensino superior em Moçambique, não podemos deixar de conceder que, devido a todas as vulnerabilidades, a discrepância entre o que as políticas preconizam e o que a realidade nos oferece pode apresentar contornos que têm tanto de dramático (por alguns desvios inadmissíveis em relação ao que foi definido), como de desafiador (pelas correções e ponderações que as próprias políticas exigem).

Há quem contraponha, guiado por uma visão meramente técnica, que não se deveria politizar a educação. Acontece, como muito bem explica o nigeriano Pai Obanya, que as políticas educativas são sempre um ponto de partida essencial para sublinhar os princípios, valores e estratégias que devem nortear os processos formativos em conformidade com uma ideia de desenvolvimento. Isto é, a orientação política estará na base das políticas e estratégias educacionais que, por sua vez, irão informar os programas e os processos educacionais e, por fim, determinar a qualidade dos produtos desse sistema educacional.

Portanto, tanto as políticas, como consequentemente os programas, os processos e produtos educacionais dependerão da maior ou menor abertura, da maior ou menor visão, da maior ou menor vontade, ou do maior ou menor empenho do poder político no seu compromisso com o desenvolvimento da educação e do país.

É verdade que, no que toca à África, não é possível discutir as políticas do ensino superior, como lucidamente aponta Birgit Brock-Utne (2003: 3), sem discutir o importante papel desempenhado pelos doadores e pelas agências internacionais, onde claramente pontifica o Banco Mundial.

E a clarividência e o pragmatismo das lideranças africanas, nesse capítulo e não só, reconhece-se na forma como conseguem fazer os equilíbrios entre as exigências dessas organizações financiadoras, as especificidades nacionais e as reais necessidades dos respectivos países em matéria de desenvolvimento.

Sobre a especificidade do desenvolvimento e do pensamento, no geral, em África, e sobre o ensino superior, em particular, já existe toda uma reflexão produzida desde os inícios do século passado e que mereceria um espaço só para esse efeito.

Contudo, não posso deixar de destacar como o historiador burquinense, Joseph Ki-Zerbo (1991), numa intervenção também datada – conferência pronunciada, em 1966, perante estudantes senegaleses, em Dakar –, chamava a atenção para o papel que a universidade devia ter tanto para o progresso das nações africanas, como para os próprios africanos se reinventarem a si próprios através de conhecimento, trabalho, valores, ideias, técnicas e de um espírito novo que lhes permitisse casar o passado com o futuro e o local com o universal.

Passamos, de seguida, a analisar alguns dos aspectos que sustentam a política do ensino terciário em Moçambique, em especial nos últimos dez anos e que, hoje, confrontados com o que se passa no terreno, somos compelidos a uma reflexão profunda sobre o que queremos, de fato, com o ensino superior.

Expansão do acesso ao ensino superior

Uma das constatações mais recorrentes sempre que se analisa a educação, em geral, e a situação do ensino superior, em Moçambique, tem a ver com os assinaláveis desequilíbrios internos no que se refere ao número de estudantes que ingressam nas instituições de ensino superior, à distribuição regional destas mesmas instituições e à representação do gênero.

Numa intervenção recente, o Ministro de Educação mostrava-se inconformado com o fato de Moçambique, num universo de 20 milhões de habitantes, ter apenas 1,9%, cerca de 75 mil estudantes, no ensino superior, quando a média africana é de 5,5%. Este fato significa, segundo o governante, que Moçambique está "entre os países em que a implantação do ensino superior é nitidamente fraca" (*O País*, 8 mar. 2010, p. 9). Daí que, segundo ele, a rede de ensino superior deve ser mais alargada, mas não de forma apressada, pois "a rápida expansão do ensino superior pode trazer problemas na sua qualidade".

Esta é claramente uma questão que, embora de inequívoca pertinência, tornou-se, ao longo dos anos, não só uma bandeira hasteada para legitimar opções de indisfarçável motivação política, mas também para respaldar iniciativas onde interesses mercadológicos parecem sobrepor-se a um sentido genuíno de colocar o conhecimento como uma ferramenta fundamental para colmatar aquelas que são as grandes carências do país em termos de mão de obra altamente qualificada e devidamente distribuída.

Um fato que é inegável, por evidente, tem a ver com o crescimento exponencial de instituições de ensino superior, e a sua respectiva população, no país. Tanto é que, em 35 anos, portanto, desde 1975, passou-se de uma única instituição de ensino superior, a Universidade Eduardo Mondlane, com cerca de 2.433 estudantes, para 38 IES, com mais de 100.000 estudantes, em 2010. Apenas nos últimos cinco anos, o crescimento foi na ordem dos 260%, quando se passou de 14 IES, em 2004, para as já referidas 38.

Quando da elaboração do *Plano Estratégico 2000-2010*, a projeção que era então feita implicava passar dos 12.387 estudantes matriculados, em 2000, para uma estimativa de 18.251, em 2010. E o que se verifica, em termos de número de estudantes inscritos no ensino superior em Moçambique, é que na realidade, o que se tem é um número 5 vezes superior à previsão inicialmente feita.

Sem pôr em causa a legitimidade deste alargamento, todo este processo não deixa, contudo, de suscitar algumas questões, nomeadamente sobre a sustentabilidade dessa expansão, sobre o papel de Estado na regulação da abertura e do funcionamento das IES, sobre a credibilidade e a qualidade de muitas dessas iniciativas, sejam públicas como privadas e sobre o impacto e a eficácia da política e das estratégias adotadas.

Numa análise recente, N. Matos e J. Mosca (2009: 299) falam de reprodução da mediocridade e da liberalização caótica do ensino superior e concluem que expansão sem qualidade implica custos muito maiores.

Ainda a propósito da expansão do ensino superior, num relatório produzido muito recentemente por uma equipe contratada, para o efeito, pelo Ministério da Educação e Cultura, os autores concluíram que a rápida expansão conduziu a uma maior cobertura geográfica, de tal modo que, depois da abertura pela Universidade Pedagógica, da sua delegação na Beira, centro do país, em 1990, a partir daí a cobertura estendeu-se a 7 províncias em 2003 e, em 2007, todas as províncias tinham a sua própria instituição ou delegação de uma IES.

Uma das evidências da disparidade do ponto de vista de acesso, em termos regionais, pode ser aferida pela grande concentração de estudantes e de IES na cidade de Maputo. Dados de 2003, indicam que 27% dos estudantes do ensino superior eram originários da cidade de Maputo, a capital do país, onde vive apenas 5% da população, isto sem contar com os das outras duas províncias da região Sul, casos de Gaza e Inhambane.

Além do aumento das IES, uma das estratégias levadas a cabo pelo governo moçambicano foi a implementação em 2002 do programa de Bolsas de Estudo Provinciais visando contribuir não só para a expansão do acesso ao ensino superior, através do financiamento da educação de pessoas que, de outro modo, jamais conseguiriam ingressar, mas também para minimizar as assimetrias regionais, assegurando o retorno dos bolseiros às províncias de origem.

No relatório em que é feita a avaliação do impacto deste programa, genericamente considerado eficaz e relevante, são levantadas algumas reservas sobre se os objetivos do programa são cabalmente cumpridos tendo em conta as taxas baixas dos que retornam à província de origem; a capacidade de estes gerarem mudanças socioeconômicas no local de origem; a manifesta incapacidade das economias locais em absorver os graduados; o programa tender a beneficiar estratos sociais das zonas urbanas.

Na lógica da expansão, um dos grandes desafios que se tem colocado ao poder político e à sociedade moçambicana, em geral, é o do desequilíbrio no que toca ao gênero, nas mais variadas áreas de atividade, com especial destaque na educação. Pelas mais variadas razões, sejam elas históricas, culturais e socioeconômicas, apesar de tender a reduzir-se e, em alguns casos a apresentar resultados simplesmente surpreendentes, este é um desequilíbrio que continua muito vincado e de forma transversal no país.

Hoje é, possível, por exemplo encontrar situações nos diferentes domínios de conhecimento, com maior incidência na área das ciências sociais, em que a percentagem da população feminina iguala ou supera o número de homens. A propósito, um outro relatório do Ministério de Educação enfatiza o fato de a população de estudantes ser predominantemente masculina, estando, contudo, a feminina, concentrada no ensino de artes e humanidades e ciências sociais, com cerca de 54,5%, do total.

Num artigo intitulado "Educação, Formação Profissional e Poder" (2009) da autoria de R. Brouwer, L. Brito e Z. Menete, através de uma das representações gráficas aí apresentadas, é possível perceber o crescimento da presença feminina nos diversos níveis do sistema de educação, com particular destaque para o ensino superior, onde a percentagem das raparigas subiu de 12%, em 1980, para 39%, em 2008.

Se é verdade que o conjunto destas assimetrias decorre de condicionalismos estruturais, alguns deles herdados do tempo colonial, e se é verdade que não se pode falar de desenvolvimento sustentado e equilibrado, de cidadania, de participação efetiva e de qualidade do cidadão se não forem acautelados princípios como, por exemplo, o da igualdade de oportunidades, também é verdade que, tanto na definição e na implementação da política como da estratégia para obviar todas estas situações, exige-se um maior conhecimento do país e uma avaliação mais acurada das suas necessidades e potencialidades em termos de recursos humanos e materiais.

Só uma definição e uma análise mais objetiva, rigorosa, consistente e consequente, aliada a uma avaliação profundamente criteriosa e isenta das instituições a abrir, e obviamente das que se encontram a funcionar, pode assegurar uma expansão que não ponha nunca em causa a essência, função e impacto do ensino superior, nem as vantagens reais da sua existência e disseminação em todo o país.

Melhoria da qualidade e relevância do ensino e da investigação

Falar em qualidade no ensino superior pode, em certa medida, revelar-se redundante. Isso tendo em conta uma tradição muito própria, a sua essência e finalidade (produzir, alargar, aprofundar e disseminar o conhecimento), e a sua inequívoca importância estratégica tanto para o desenvolvimento intelectual como para o socioeconômico e, consequentemente, para o bem-estar dos países. Portanto, falar de falta de qualidade no que concerne ao que é realizado pelas universidades, em geral, tem tanto de dissonante como de profundamente inquietante. Mas é um fato inescapável e amargamente real.

Num estudo inspirado quer no contexto internacional, quer na experiência do seu próprio país, o holandês A. I. Vroeijenstijn (1996) considera que a questão da qualidade é algo inato, endógeno ao ensino superior e que fez sempre parte da tradição acadêmica. Devido ao processo de massificação universitária iniciada na década de 50, e perante o crescente processo de autonomização e de exigência de liberdade acadêmica por parte das IES, perante a pressão do mercado de trabalho e da sociedade em geral, os governos dos diferentes países viram-se na incontornável obrigação de mostrar que a qualidade não tinha sido afetada.

É daí que perante a recorrente, abusiva e demagógica utilização do tema da qualidade, Vroeijenstijn se questiona se não estaremos perante uma doença do momento, um modismo ou uma nova religião.

O que não pode ser contornado é que o aumento de ingressos concorre para uma maior complexidade do sistema. Apesar da apetência do poder político em querer controlá-lo, esse mesmo controle torna-se ineficiente devido às aceleradas transformações em nível do conhecimento científico e tecnológico, bem como em nível da gestão acadêmica que, por sua vez, exigem maior flexibilidade e autonomia do sistema, sem nunca deixar de salvaguardar a questão da qualidade.

Foi, pois, ciente destas transformações que o inexplicavelmente extinto Ministério do Ensino Superior, Ciência e Tecnologia (MESCT) procurou introduzir uma série de dispositivos e instrumentos, como sejam, entre outros, o *Sistema Nacional de Acreditação, Avaliação e Garantia de Qualidade*, o *Fundo para a Melhoria de Qualidade e Inovação* (QIF), o *Sistema Nacional de Acumulação e Transferência de Créditos Acadêmicos*.

O sistema de qualidade, apesar de transformado em lei, é claramente letra morta, sem nenhuma aplicabilidade como instrumento regulador nem na abertura nem no funcionamento das instituições inviabilizando, assim, a possibilidade de assegurar maior qualidade de processos científicos, pedagógicos e administrativos e, por conseguinte, dos produtos de qualidade de que tanto se encontra carenciada a sociedade no seu todo.

Segundo Akilagpa Sawyerr (2004:12), o principal contributo que uma universidade pode oferecer à sociedade tem a ver com a qualidade de conhecimento que ela gera e comunica, os hábitos de pensamento crítico e a capacidade para a solução de problemas que ela institucionaliza e inculca nos seus graduados, bem como os valores de abertura e governação democrática que ela promove e demonstra.

Sobre as implicações que a falta de qualidade pode significar, estamos de acordo com a ideia de que o

> mau ensino representa, no futuro, a configuração de sociedades fechadas, que se reproduzem protegidas em critérios de grupos e seus interesses, que dificultam a meritocracia e a organização da socieda-

de democrática com crescente igualdade de oportunidades [...] O mau ensino gera desemprego ou emprego desajustado de técnicos com suposta qualificação superior e pode provocar instabilidade social. (Matos; Mosca 2009: 301)

E a questão que se coloca, no cômputo geral do ensino superior em Moçambique, é que com a quase inexistência de uma cultura e de uma prática de avaliação interna e externa de qualidade, até que ponto estará este subsistema a cumprir com o que lucidamente Sawyerr reivindica enquanto principal contributo das universidades, onde claramente a investigação é quase nula, os valores e os princípios universitários pouco visíveis e a qualidade de gestão acadêmica tal como dos processos de formação deixa muito a desejar?

Resposta às necessidades socioculturais do país e às transformações decorrentes da economia do mercado

Colocadas na charneira entre os apelos insistentes da globalização, por um lado, e os diferentes condicionalismos inerentes à sua localização geográfica, por outro, as universidades africanas têm a adicional e dramática missão de reinventar uma instituição milenar que, entretanto, foi sendo redimensionada à luz, motivações e expectativas da cultura e da civilização ocidental.

Para muitos pensadores, em África, a universidade deveria responder cada vez mais às especificidades regionais e locais. É o que nos dá conta, por exemplo, o nigeriano Pai Obanya (1999: 549), na mesma linha de pensamento de pesquisadores como o ganense Kwasi Wiredu, ou do queniano Ali Mazrui, quando afirma que o ensino superior, em África, nos anos por vir, tem de ser guiado por políticas nacionais que devem ser compreendidas e aceites pelas populações que ela é suposta servir.

E é claramente esse desafio que se coloca a um país como Moçambique, onde as instituições, no processo de interpretação e consolidação dos valores universais da educação superior, têm que ser capazes de compreender e rastrear aquelas que são as tendências e os traços identitários da sociedade e do meio envolvente.

Sob a pressão das lógicas e das exigências do mercado de trabalho, profundamente ancorado nos cada vez mais prementes ditames neoliberais, o que tem restado à maior parte das instituições do ensino superior em Moçambique é o de formatarem os cursos e os planos de estudo que oferecem, no sentido de os verem acomodados aos princípios e interesses dos referidos mercados. O argumento da empregabilidade, legítimo naturalmente, mas não exclusivo, acaba por muitas vezes subverter os valores que concorrem para a formação integral do cidadão e que estão na base da instituição universitária.

Por outro lado, um informe tornado público recentemente pela Associação Europeia de Universidades (EUA) dá-nos conta das dúvidas crescentes em relação ao acesso ao mercado de trabalho dos graduados do primeiro ciclo, ao abrigo do processo de Bolonha. Fato que dá que pensar se considerarmos que este foi um dos principais argumentos que esteve na sua implementação tanto na Europa, como no seu equivalente, em Moçambique.

E, neste caso concreto, se a isso acrescermos tanto a escassez de recursos, dentro das IES, que as tornem viáveis economicamente de modo a alargarem e aprofundarem a sua capacidade de intervenção, bem como a quase inexistência de uma massa crítica que transforme essas instituições em verdadeiros centros de reflexão, de produção, aplicação e disseminação de conhecimento, dificilmente se pode esperar que a síntese e os equilíbrios tão necessários, em África, entre o local e o global, entre conhecimento e técnica, entre educação e profissionalização, sejam devidamente alcançados.

Democracia, independência intelectual e liberdade acadêmica

Esta é claramente uma das políticas mais instigantes, mas, ao mesmo tempo, mais ambiciosas inscritas no documento que tem na generalidade norteado o ensino superior, nos últimos dez anos, em Moçambique, o PEES 2000-2010. É verdade que o processo de democratização do país, por um lado, e a abertura de universidades privadas, por outro, a partir dos inícios e meados da década de 90, respectivamente, concorreram, em grande medida, para uma relativa dinâmica da liberdade intelectual, aliada a algum exercício de pensamento mais crítico, a nível das IES.

Contudo, a prática tem mostrado que princípios como a democraticidade interna, a independência intelectual e a liberdade acadêmica, que não só traduzem a essência do verdadeiro espírito universitário, como também são o motor do desenvolvimento do pensamento e das sociedades, se impõem mais como arremedos discursivos bem intencionados do que como um exercício efetivo, sistemático e consequente.

Se as dependências políticas são indisfarçáveis nas instituições públicas – por exemplo, a democraticidade interna nessas instituições está, à partida, comprometida, visto que não existe praticamente nenhum órgão de gestão que seja produto de algum escrutínio interno efetivo e credível –, as instituições privadas, por sua vez, regem-se, na sua grande maioria, por motivações e interesses de natureza mais empresarial e que, por vários tipos de limitações, intrínsecas e conjunturais, preferem apostar preferencialmente na sua própria sustentabilidade.

Mais uma vez, razões ligadas à sustentabilidade das IES, à cultura de gestão dominante, à inexistência de uma massa crítica interna, à falta de uma cultura e prática de investigação sistemática, as redes precárias ou pontuais de intercâmbio regional e internacional, entre outros, impossibilitam o florescimento de princípios e valores que caracterizam uma convivência académica genuína e responsável por assegurar a preparação de quadros com a necessária qualidade científica, técnica, cultural e cívica.

Conclusão

O ano de 2009 terá sido, seguramente, na recente história de Moçambique aquele em que a discussão sobre o ensino superior não só conseguiu atrair a atenção de quase todos os quadrantes da sociedade, como também levou a que essa mesma discussão atingisse, em alguns momentos, contornos dramáticos.

Muitos serão os motivos que podem ser apontados para que tal tivesse acontecido. No entanto, dois merecem a nossa atenção.

Primeiro, a já referida questão da expansão das IES que tem gradualmente mobilizado o interesse da sociedade, em geral, haja em vista o aumento da população universitária ávida de obter um curso superior pelas implicações que daí advêm, do ponto de vista pessoal e profissional.

O segundo motivo, pelos contornos mediáticos que assumiu, teve a ver com a aprovação de uma nova Lei do Ensino Superior que instituiu, à imagem do processo de Bolonha, o sistema dos três ciclos, como sejam licenciatura, mestrado e doutoramento. E o pomo da discórdia que inflamou os ânimos e as opiniões dos intervenientes aos mais diversificados níveis assentou na questão da redução do tempo de formação do primeiro ciclo para três anos e na questão da empregabilidade.

Apesar de a lei deixar ao arbítrio das IES nacionais a possibilidade de escolherem entre 3 a 4 anos, o que se verificou, em algumas IES foi um enfoque acentuado nos 3 anos. A Universidade Eduardo Mondlane, a instituição de referência, no país, e a mais antiga, optou dominantemente pelos 3 anos nos diferentes cursos que oferece fato que, de imediato, mobilizou a atenção das ordens profissionais que se questionaram sobre a consistência da formação e sobre a qualidade dos graduados.

Este terá sido, sobretudo, um teste sobre o equilíbrio, claramente deficitário, dos poderes em relação ao ensino superior, o caráter impositivo das políticas governamentais, a real dimensão da autonomia universitária, o papel do mercado de trabalho e da sociedade, em geral.

A existência ou não deste equilíbrio será em grande parte responsável tanto pelo que de melhor ou pior se fará nas IES, pelo perfil de saída dos graduados e pela qualidade da sua prestação no mercado de trabalho e na sociedade, assegurando, ou não, uma cidadania responsável e criadora e o desenvolvimento irreversível do país.

Referências

AUNIÓN, J. A.; Rudich, J. "Preocupación por la escasa inserción laboral de las carreras cortas de Bolonia", 2010. In: *El País*: http://elpais.com/diario/2010/03/12/sociedad/1268348402_850215.html.

BRITO, Lídia; BROUWER, Roland; MENETE, Zélia. "Educação, formação profissional e poder". In: *Desafios para Moçambique 2010*. Maputo: IESE, p. 273-296, 2009.

BROCK-UTNE, Birgit. "Formulating Higher Education Policies in Africa – the Pressure from External Forces and the Neoliberal Agenda". In: *Journal of Higher Education in Africa*, v. 1, n. 1, 2003.

BROUWER, Roland et al. "Análise do impacto do Fundo para Melhoria da Qualidade e Inovação" (Relatório). Maputo: AUSTRALCOWI, 2008.

MÁRIO, Mouzinho et al. *Higher Education in Mozambique. A Case Study*. Maputo: Imprensa & Livraria Universitária, 2003.

MATOS, Narciso; Mosca, João. "Desafios do Ensino Superior". In: *Desafios para Moçambique 2010*. Maputo: IESE, p. 297-318, 2009.

MEC/ERNST & YOUNG. "Relatório de avaliação de impacto do Programa de Bolsas de Estudo Provinciais 2002-2007", 2008.

MEC-DICES."Dados estatísticos sobre o Ensino Superior em Moçambique". Maputo, 2007.

MEC-DICES/GSC. "Impacto de Estudantes Graduados no Mercado Laboral – Relatório Final." Maputo, 2009.

MESCT. "Plano Estratégico do Ensino Superior em Moçambique 2000-2010". Maputo, 2000.
OBANYA, Pai. "Politics of Access to Education: the Nigerian Story". http://r4d.dfid.gov.uk/Output/182320/
SAMOFF, Joel; BIDEMI, Carrol. "The Promise of Partnership and Continuities of Dependence: External Support to Higher Education in Africa". In: *African Studies Review*, 2004: http://journals.cambridge.org/action/displayAbstract?fromPage=online&aid=9124863&fileId=S0002020600027001.
SAWYERR, Akilagpa. "Challenges Facing African Universities: Selected Issues". In: *African Studies Review*, University of Massachusetts, v. 47, No. 1, 1-59, 2004.
VROEIJENSTIJN, A.I. *Melhoria e responsabilização: navegando entre Cila e Caríbdis. Manual de avaliação externa da qualidade no Ensino Superior*. Brasília, 1996.
VUGHT, Frans van. *Mission Diversity and Reputation in Higher Education*, 2008: http://www.palgrave-journals.com/hep/journal/v21/n2/abs/hep20085a.html.

PREFÁCIOS E TEXTOS DE APRESENTAÇÃO DE LIVROS

Niassa, Terra de Mel... e Leite Amargos de Graça Torres ou a celebração da memória[10]

Começar uma história com a fórmula "era uma vez" é claramente uma estratégia que prepara o leitor, ou o ouvinte, para uma viagem ao reino da fantasia, da magia e que, muitas vezes, nos coloca diante de situações inverossímeis. A narrativa de Graça Torres, apesar de assim se iniciar, não é seguramente um mergulho nesse universo fantasioso que tem feito as delícias de crianças e adultos do mundo inteiro, na multimilenar história da humanidade.

Começaríamos pelo próprio título que encerra, à partida, uma dramática contradição: mel e leite... amargos. Mais do que uma contradição nos termos, o que aqui se insinua é o peso de uma fatalidade, ou de várias fatalidades, se quisermos, que o evoluir da história irá confirmar.

Nesse mesmo início da história, a narradora não deixa de alertar-nos para essa eventualidade:

> Era uma vez... no Niassa. Era uma vez... Todas as estórias de fadas começam assim, mas esta não é uma estória de fadas, é uma estória de homens. Uma estória que é minha, que há anos habita a minha alma, que palpita em cada uma das minhas pulsações. (p. 9)

---

10   Apresentação do livro *Niassa, Terra de Mel... e Leite Amargos*, de Graça Torres, em julho de 2007.

Este primeiro capítulo acaba por revelar-se de uma importância crucial quer na construção da história, quer na forma como nós, os leitores, iremos lê-la.

Assim, além da prévia clarificação sobre as motivações e contornos do que nos será contado, ficamos a saber que estamos perante uma narrativa cujo pano de fundo será assumidamente a memória. Memória privada, mas também memória coletiva:

> Esta estória que eu registei página a página no meu diário, tanta a necessidade que eu sentia de exprimir as minhas impressões, as minhas emoções... Agora, depois que tantas coisas aconteceram, sinto a necessidade de lhe dar uma forma, de a transmitir aos meus filhos e aos meus netos, como uma mensagem...

Relato intimista, mas não narcísico, esta é uma escrita que realiza uma dupla aliança: por um lado, entre dois gêneros – o diário e o romance – e, por outro, entre duas dimensões – a ficção e a História, implicando, por esse efeito, uma reavaliação e revalidação da natureza e função da literatura. Isto é, o que é a literatura e para que ela serve.

Impondo-se como registro de dois anos da vida da narradora e protagonista – dentro dos limites temporais que nos são referenciados, 1965-1975 – *Niassa, Terra de Mel... e Leite Amargos* oferece-nos o dia a dia de Marta, que, recém-desembarcada de Portugal, não esconde o seu fascínio pelo mundo novo que se lhe abre em Moçambique e, muito especialmente, no Niassa:

> Inacreditável, quase doía ver uma tal beleza. Fiquei muda de espanto, de encantamento. Meu Deus, como era possível um espectáculo tão belo? Como eu sentia nesse momento que queria continuar a ver esta paisagem todos os meus dias da minha vida! Como eu gostaria de conhecer e amar esta terra e aí viver para sempre! (p. 12)

É, pois, na oscilação entre as impressões e os acontecimentos que vão sendo diariamente registrados – cada capítulo corresponde, na prática, ao quotidiano africano de Marta e das outras personagens –, que participamos na construção deste romance que, enquanto vibrante metáfora da vida, nos mostra o que ela tem de grandioso, de nobre, de belo, mas também de miserável, sórdido e trágico.

A arquitetura desta obra decorre, assim, de uma relação clara e exuberantemente assumida pela narradora/protagonista com a escrita, por um lado, e com o mundo, com o vivido, por outro.

No que concerne à ligação com a escrita, uma ligação com caráter compulsivo e estruturante, destaca-se:

- primeiro, a constante referência ao ato de escrever, instituído como ritual perseguido e realizado conscienciosamente: "Às vezes apetecia-me escrever" (p. 13), "Levantei-me e escrevi no meu diário" (p. 36); "Reli o que escrevi dias antes" (p. 40); "Sentei-me a escrevinhar as impressões que me tinham perturbado nesta viagem" (p. 63), etc.;

- segundo, a filiação a uma memória literária traduzida tanto na opção pela narração memorialista, personalizada mas dialogante, como na apelativa referência a autores como Miguel Torga, Saint-Exupéry, Lamartine, Verlaine, Baudelaire, etc.;

- terceiro, o domínio das técnicas narrativas de histórias encaixadas, da narrativa na primeira pessoa e da exploração da visão interna dos acontecimentos narrados;

- quarto, as exaustivas, mas estimulantes descrições de lugares, objetos e personagens contribuindo decisivamente para a carga de realismo que atravessa o romance.

Mas é, particularmente, na representação da sequência e do emaranhado de vivências individuais e coletivas que cruzam a vida de Marta que *Niassa, Terra de Mel... e Leite Amargos* se institui como um retrato profundo de uma época e de uma sociedade, nos seus múltiplos, variados e, muitas vezes, desencontrados matizes.

É, pois, nesta encenação da escrita e da vida, em que a memória joga um papel ordenador e municiador de sentidos, que vemos desfilarem os fatos e os seres que compõem o sentido profundo desta obra. Temos, assim:

- **a guerra:** para uns, guerra de libertação, para outros, guerra colonial, ela acaba por estar por detrás dos principais acontecimentos da história narrada, impondo-se ao mesmo tempo como efeito e causa de incompreensões, tragédias, incomunicação, ódios; mas a guerra é sobretudo redefinidora dos destinos individuais e coletivos;

- **personagens marcantes** como o hermético António, marido de Marta; o inconformado e determinado Lourenço; o velho Undi, o sábio e fleumático chefe Yao; a altiva e bela rainha Majolela; a fútil e instalável Telma, mulher de Lourenço; Sofia, amiga de Marta e esposa traída; o furriel Felgueiras, irreverente e profético e, finalmente, a própria Marta, oscilando entre a ingenuidade e a clarividência, o deslumbramento e o desencanto, mas de uma sensibilidade e humanidade extremas, que raiam, muitas vezes, o patético;
- **as perplexidades e as inquietações existenciais e identitárias** que se processam no espírito de Marta sobretudo com o avanço da guerra. Sem nunca perder o seu sentido de pertença às suas origens, sem entrar nem numa crise de identidade, nem desencadear contorcionismos identitários, Marta, contudo, não deixa de questionar determinados conceitos ("Meu Deus, como todas estas ideias eram complicadas e difíceis. Afinal, o que é Pátria, o que é Nação?", p. 37), ou, então, interrogar-se sobre a sua própria condição existencial: "Esta aqui (Vila Nova de Cerveira) é a minha terra, que eu amo, que eu quereria poder encontrar sempre, que me dá solidez, segurança, que é minha pertença. Mas então Moçambique, o Niassa, a terra feiticeira que me lançou não sei que encantamento, e de tal modo que já não sei imaginar a vida longe dela, que eu quis para ser terra dos meus filhos, quem sabe dos meus netos, afinal o que representa para mim?" (p. 197);
- **as incursões históricas:** um dos saberes mais dramatizados no romance é o saber histórico que nos permite revisitar a história dos povos Yao e Nyanja, as rotas dos escravos, os prazos da Coroa, a formação, configuração e comportamento de alguns segmentos da sociedade colonial em Moçambique, etc.;
- **a força da oralidade:** além da intensa e viva presença dos diálogos, a reconstituição de mitos e de lendas, como a de Mataka, são um reconhecimento, na obra, da importância das tradições orais na representação do imaginário africano;
- **as leituras antropológicas:** um dos fundamentos da antropologia é, como sabemos, a interpretação. E é na forma como o outro (neste caso, africano, negro) nos aparece aos olhos de Marta, sem preconceitos nem paternalismos, onde se encontra uma das grandes valias deste romance. Sempre com um enorme sentido autocríti-

co, quer em relação ao seu enraizado código de valores, quer em relação ao seu deslumbramento, a narradora/protagonista acaba por ser uma expressão singular de relativismo cultural: "Claro que a situação de poligamia, para nós (europeias), era perfeitamente inaceitável, mas era uma maneira de estar no mundo, manifestação de uma outra cultura, com os seus aspectos solidários, de generosidade, compreensão e entreajuda" (p. 61);

- **os lugares:** a intensidade e expressividade das cores, dos movimentos e das emoções que acompanham a representação dos lugares, fazem desta obra, em momentos largos, um emblemático romance do espaço, tornando inesquecíveis as imagens de lugares como Meponda, Maliwangua, Bulise, Sitambul, Nzinge, Vila Nova de Cerveira...

Esta é, pois, a leitura possível deste romance, com fortes tonalidades autobiográficas, de Graça Torres. História de ritmos, cores e sentimentos oscilando entre o amor e o ódio, guerra e paz, dor e ternura, o riso e a lágrima, a comédia e a tragédia, a inocência e o calculismo, a esperança e o desespero, a crueldade e a solidariedade, o otimismo e a descrença, *Niassa, Terra de Mel ... e Leite Amargos* é uma estimulante metáfora celebrativa da escrita, da memória e da vida.

A Virgem da Babilónia de Adelino Timóteo[11]

Este é um romance cujo título, à partida, apela à nossa curiosidade pelo duplo e aparente anacronismo de que está investido. Primeiro, em relação à Babilônia, centro bíblico do mal, cidade da Antiguidade, celebrizada durante séculos por múltiplos e variados registros, escritos, orais, literários e não literários.

Segundo, a simples evocação da virgindade de uma mulher, feita aqui tema literário, o que pode significar, nesta nossa cada vez mais complexa contemporaneidade, espaço de todas as transgressões e de todos os despudores?

Talvez, no contraste entre passado e presente, entre mito e realidade, entre o imaculado e o impuro, entre o que se procura e o que não se encontra resida uma das chaves interpretativas desta obra.

E este é um romance que acaba, no seu conjunto, por se impor como uma espécie de alegoria da literatura enquanto busca de sentido dela própria e da vida. E é, pois, enquanto busca que este romance se estrutura. Busca que se faz viagem e que, a determinado momento, nos faz perceber que as digressões do narrador, que também é protagonista, deviam instituir-se como finalidade sem fim. Contudo, não é o que acontece.

---

11   Apresentação do livro *A Virgem da Babilónia*, de Adelino Timóteo, em Maputo, Moçambique, em 11 de setembro de 2009.

Trata-se de digressões espaciais, em que pontifica a cidade da Beira, numa espécie de plenitude babilônica, com os seus lugares emblemáticos e labirínticos, caso, por exemplo, do Grande Hotel que surge quase como centro do mundo; digressões temporais, em que vemos a narrativa movendo-se através de tempos variados, coletivos e privados; e, finalmente, variações discursivas, em que a narrativa, com as suas múltiplas vozes, se faz mito, lenda, diálogo, monólogo ou utopia.

E a grande utopia que esta obra constrói não é necessariamente a que se forma em redor da virgem enquanto objeto e centro do desejo do narrador-protagonista, mas é a da própria construção do romance. Este torna-se, nos seus aspectos constitutivos e periféricos, como a grande aspiração que parece mover o autor, de tal modo que já não é a história que prende o leitor, mas os movimentos que fazem, ou tentam fazer, desta obra um romance.

Como sabemos, a literatura é uma das janelas privilegiadas para olhar e sentir o mundo e, ao mesmo tempo, para ela própria se rever como arte da linguagem. E, neste particular, o romance, na esteira de uma tradição que se consolidou no século XIX, é seguramente o gênero que mais obsessivamente tem atraído fazedores da escrita e leitores enquanto busca de uma dimensão representativa de que só ele é capaz. Isto é, é como se, com esse dispositivo, se consumasse a suprema realização da literatura, a suprema realização do escritor.

E, na obra que temos nas mãos, muito mais do que as movimentações que envolvem a virgem Yara, que a espaços mais parece uma alucinação do narrador, o que sobressai é a procura que o sujeito faz de si próprio, num mundo e num tempo que já não é mais o seu: "Nos meus setenta anos eu não estava disposto a correr tamanho risco, muito menos a sacrificar o tipo de vida que adoptei." (p. 49)

E, nessa procura, aliás à imagem de grande parte das tendências romanescas de grande parte dos autores nacionais, a análise e o comentário, quer através do narrador, quer através das personagens, parecem sobrepor-se à ordem dos acontecimentos, isto é, da própria história. Os autores/narradores não se limitam a contar a história, mas tornam-na completamente refém da sua visão do mundo.

Nas suas múltiplas e fundamentais reflexões sobre a arte do romance, Milan Kundera indica que este deve ir muito além das intervenções meditativas do autor de modo a evitar que as ações das personagens se tornem numa mera ilustração das teses desse mesmo sujeito. Isto é, o romance, enquanto modo específico de um mundo criado, de um mundo possível, deve ser um espaço de liberdade, de utopia e de encantamento onde o leitor deve ser convidado a participar ativa e intensamente, com a sua inteligência e a sua sensibilidade, ficando ele, em última instância como o garante da interpretação e do sentido do que se narra. Quer dizer, a obra propõe e o leitor dispõe.

Muito a propósito, o franco-romeno Emile Cioran sustenta que o autor, tanto com a sua psicologia como com a sua ideologia, não deve servir-se das personagens, dos espaços, das situações e das linguagens que representa, mas sim o contrário. Isto é, o romancista, que é sobretudo uma ausência, é apenas um servo da obra que nos apresenta. Esta deve ter vida própria, construir a sua própria magia que nos arrasta, nos transporta e nos arrebata. E a arte suprema do romance está mais no que mostra do que propriamente no que muitas vezes diz.

Enfim, um romance não pode ter outra pretensão senão a de ser, antes de tudo, um romance. Narrativa de um espaço mítico, a Babilônia, que se confronta com um espaço real, a cidade da Beira, nas suas inumeráveis facetas, sejam elas gratificantes, libertinas, dramáticas ou cômicas, A Virgem da Babilónia de Adelino Timóteo é acima de tudo uma viagem envolvente, mas inacabada.

Viagem que nos revela que mais do que a fixação por um ponto de chegada, um destino, a fruição deve residir no percurso em si, num tirocínio que implica destreza narrativa, rigor na linguagem, disseminação de saberes, observância ou alargamento das técnicas narrativas, jogos de equilíbrio entre o que se diz e o que fica por dizer, entre o que se mostra e o que fica por mostrar, sem esquecer, naturalmente, uma vigilância constante sobre a voz do autor que não deve, em nenhum momento, quebrar o pacto que tacitamente o leitor estabelece, ou pretende estabelecer com a ficção.

Afinal, tal como acontece em relação à Yara, virgem, mas nunca ingênua e à volta da qual se desencadeiam inquietações, emoções e efabulações, o romance é sempre uma aspiração que nos deve, mesmo que momentaneamente, conduzir à autossuperação e à nossa libertação em relação ao que nos aprisiona, nos diminui e nos aniquila. Meritória, pois, esta incursão de Adelino Timóteo por nos levar a refletir no romance como arte em devir, sujeito a permanentes e exigentes exercícios reconfigurativos.

Clemente Bata,
Retratos do instante[12]

Tomando como exceção o caso da fotografia, em que medida a escrita pode retratar o instante? Como pode um fragmento da linguagem não só cristalizar um momento da vida, como também torná-lo, ao mesmo tempo, um acumulado de sentidos, percepções, sensações, imagens e emoções? Esta é inequivocamente a vocação do conto.

Por apresentar uma estrutura breve, por ser uma fala suspensa, o conto vinca, de forma acentuada, a sua condição de fragmento e sobretudo a sua relação com a totalidade. Isto é, é um retalho que se institui como utopia do todo, do mundo e das linguagens que nos rodeiam. E esta é, seguramente, a aspiração realizada, em grande medida, por cada um dos contos deste livro de estreia de Clemente Bata.

O quotidiano dos africanos oferece-nos, de forma quase exuberante, um manancial de acontecimentos múltiplos e variados, desde os mais comuns aos mais inesperados, desde os mais dramáticos aos mais risíveis. Quotidiano que por isso e por muitos outros apelos nos surge já como uma ficção inesgotável. Por conseguinte, só um olhar indagador, inconformado e uma sensibilidade apurada aliados a uma imaginação ilimitada conseguem fazer da escrita um lugar de resgate dessa ficção sem fim em que a nossa realidade se tornou.

---

12 Apresentação do livro *Retratos do instante*, de Clemente Bata, em 23 de junho de 2010.

E o leitor, que convive com esse quotidiano, mesmo armado dos protocolos de leitura mais sofisticados, que lhe ensinam que o que está a ler é apenas produto da imaginação de quem escreve, esse leitor se sente, também, como fazendo parte do universo das personagens que desfilam nos diferentes contos, nas situações que elas protagonizam, nas lágrimas que elas vertem, nos olhares e nos sorrisos que elas trocam, nos temores que as apoquentam, nos desejos que elas não realizam, nas angústias que as esmagam, nas palavras que elas pronunciam.

Tais são os casos, só para ilustrar, dos dramas familiares vividos em "As análises", "O segredo" e "Castigo", da engenhosa personificação de uma viatura Peugeot em "Peujota e o menino", que é uma alegoria da passagem de testemunho de três gerações, do pai, motorista de um administrador colonial, do filho, mecânico, no período logo a seguir à Independência e do neto, que vai transformar o carro, já uma sucata, em companheiro de brincadeiras. O conto "Voos sacrílegos da noite" relata um caso de revenda de caixões roubados de túmulos profanados, numa narrativa cuja atmosfera sombria nos remete para um intenso drama social, com múltiplas ramificações. A transição traumática do campo para cidade e a desagregação pessoal e familiar daí resultante é superiormente representada em "Promessa", um conto particularmente perturbador pela forma como vemos retratada a passagem vertiginosa do estado do sonho ao do pesadelo, do estado da inocência à perdição.

Apesar de os acontecimentos narrados na sua maioria se encontrarem emoldurados por um quadro familiar ou comunitário, *Retratos do Instante* parece perseguir os destinos individuais das personagens, estando elas, ou não, em confronto com a ordem e os interesses coletivos. Aliás, é interessante observar como se configuram não só as tensões entre o indivíduo e a comunidade, mas também entre a modernidade e a tradição, entre o conformismo e a irreverência, entre o que é e o que parece ser, ou então, entre o permitido e o proibido.

Interessante é também a representação de registros distintos de oralidade: a urbana, a suburbana e a rural, numa preocupação do autor em colar esses mesmos registros a formas de imaginário determinadas, numa assumida intencionalidade realista.

Outra marca importante que ressalta no universo de construção destes contos tem a ver com os efeitos estéticos potenciados por diferentes passagens da obra e que traduzem uma sensibilidade e um compromisso particular com a linguagem, com a escrita e que, no conjunto dos textos, personificam já uma vocação estilística do autor. Apenas, alguns exemplos:

"Os olhos percorriam a semana, despiam as esquinas..." (p. 51)
"Uma noite de cacimba agasalhava-o" (p. 51)
"As outras saias curtas assistiam ao espectáculo, às gargalhadas, enquanto aguardavam a sua vez..." (p. 52)
"A caixa estava ali sentada" (p. 53)
"Eu acariciava-lhe a tristeza" (p. 62)
"Minha mulher limpava as lágrimas com um sorriso" (p. 62)

Todos os gêneros literários têm o seu encanto e a sua complexidade. O conto é, sem dúvida, o gênero da sabedoria. Ler e pensar o conto é seguramente uma das experiências mais desafiantes e mais complexas do ponto de vista da comunicação literária, pois significa ter de dizer muito com pouco. Isto é, procura-se com o mínimo de meios obter-se ou o máximo de efeitos ou um efeito determinado com o máximo de intensidade. O conto, enquanto recorte da realidade, é sempre uma iluminação instantânea que leva o leitor a subitamente entender o todo, como texto ou o todo como aquilo para que ele nos remete. Quero felicitar o autor pela opção por este gênero, muitas vezes incompreendido e maltratado, e incentivá-lo a manter-se nele como forma de manter viva a tradição de grandes contistas de que é feita a nossa literatura. Falo de Luís Bernardo Honwana, Mia Couto, Ungulani Ba Ka Khosa e Aldino Muianga.

Para terminar, sem necessariamente ser concludente, diria que Clemente Bata iniciou hoje um caminho. Sendo esta a sua obra de estreia, acredito que é um início promissor. Incompatível com os movimentos apressados e equívocos do mundo atual, quero lembrar que a estrada da arte é longa, muito longa, muitas vezes dura e sinuosa, mas sempre fascinante. Os grandes artistas, os escritores de eleição não nascem, fazem-se. Com muito trabalho, com muito estudo, com muita insatisfação interior, com a perseguição obsessiva da perfeição, mas sempre e sobretudo, com muita humildade e com o compromisso inegociável com a qualidade.

Dockanema: a realidade surpreendida e reinventada[13]

No conjunto das disciplinas artísticas, e não só, que perseguem a representação da realidade, o documentário é, certamente, uma das que mais interrogações provoca. Tradicionalmente virado para um olhar fragmentado do mundo que nos rodeia e do devir do que acontece, o documentário atual coloca-nos problemas e desafios acrescidos na tentativa de enquadrá-lo dentro de uma determinada tipologia, bem como na interpretação dos significados que dissemina.

Se, por um lado, é aí mais intensamente explorada a perspectiva do realizador, por outro, as aproximações ao cinema tradicional, enquanto arte de figuração da realidade, são maiores. Daí o campo ambíguo que se nos abre em que, muitas vezes, vemos cruzarem-se elementos e motivos desconcertantes, com as pessoas filmadas agindo como personagens de uma história de ficção e com as situações retratadas surgindo, cada vez mais, com um grau de elaboração que põe em causa a sua dimensão factual ou, se quisermos, documental.

Habituados que estamos a acompanhar ou a ouvir falar de festivais de cinema, com as suas intermináveis e apelativas procissões de estrelas hollywoodianas, com as megatransmissões televisivas que nos prendem

---

13 Texto introdutório à 5ª edição do *Dockanema*, Festival do Filme Publicitário, em Maputo, em setembro de 2010.

horas a fio nos sofás das nossas casas, com as correrias frenéticas de fotógrafos e *cameramen* tentando imortalizar momentos e gestos das figuras em cartaz, uma pergunta pode, de imediato, assaltar-nos, diante desta 5ª edição do *Dockanema:* afinal, para que serve um festival de documentários, mais a mais, num país e numa cidade na periferia dos grandes circuitos cinematográficos?

Na esteira das edições anteriores, além de uma pródiga e variada oferta de propostas de filmes, não só de Moçambique, mas também da região e de outras partes do mundo, são-nos prometidos debates, palestras e encontros profissionais que serão, sobretudo, momentos de grande interação entre produtores, realizadores, jornalistas, críticos e público, em geral. Digamos, face a isto, que uma das funções deste festival, e à semelhança de outros, é exatamente o de proporcionar um espaço particular de convívio social e intelectual tendo como objeto o próprio documentário e as suas ilimitadas potencialidades, quer como arte, quer como lugar de interpelação da realidade.

Por outro, se tivermos em conta que, na origem, o cinema caracterizava-se por captar e reproduzir, em silêncio, momentos e fragmentos da realidade, teremos que conceder que o documentário, pelas suas características e motivações, é um reencontro com essa mesma origem, uma celebração e uma pedagogia de uma memória que o tempo, este nosso tempo de todas as acelerações e de todas as perversões, tende a fazer esquecer.

No sentido de contornar a insensibilidade dos que decidem, os constrangimentos de ordem financeira e outras formas de precariedade, o documentário, em especial no nosso caso e de todos aqueles que apostam neste gênero, funciona também como um ato de resistência. No caso específico de Moçambique, a atividade cinematográfica cinge-se heroica e dominantemente ao documentário, à curta-metragem.

Ao concretizar a sua 5ª edição de forma ininterrupta, ao mesmo tempo que alarga e aprofunda o alcance, dentro e fora do país, das suas realizações, a equipe do *Dockanema* e todos aqueles que tornam possível esta saga, mais não fazem do que tornar duradouro e largamente impactante este ato insurrecional. A inteligência, a imaginação e a determinação são, afinal, pilares inamovíveis de todas as utopias.

Serão, pois, dez dias animadíssimos. Estarão em cartaz mais de oitenta filmes e em que o documentário, uma vez mais, será o protagonista-mor. E, aqui, teremos a oportunidade de ver como a vida, nos seus múltiplos matizes e valências, foi surpreendida pelo olhar indiscreto e inconformado das câmaras.

Para fruirmos, para nos divertirmos, para nos atualizarmos, para refletirmos, mas talvez para nos reencontrarmos com uma condição que o quotidiano teima em anular. Isto é, reinventarmo-nos, mesmo que momentaneamente, através do sentido crítico e questionador que nos deveria identificar e distinguir perante a profusão de imagens e temas que cruzam história, cultura, ciência, política, economia, geografia, ecologia, etnografia, etc.

Chegou o momento de ultrapassarmos a ideia que se quer impor de confundir cultura com diversão ou entretenimento. Para muitos, a arte cinematográfica é apenas isso. Para outros, apenas uma indústria geradora de grandes fortunas. Para países como o nosso, o desafio é olharmos para essa arte, afinal tal como para outras, como um fator incontornável de desenvolvimento, que movimenta recursos sim, mas sobretudo que mobiliza sensibilidade, inteligência, imaginação e criatividade e, sobretudo, uma vontade ilimitada de autossuperação e de crescimento interior, numa incansável escavação e iluminação dos sentidos da vida. Com os festivais *Dockanema*, acredito que contribuímos, com pequenos mas significativos saltos, para a redução do fosso que nos separa do futuro.

Rostos[14]

Recebi, passam já alguns largos meses, um desses inúmeros e-mails que nos vão sendo rotineiramente reenviados, por conhecidos ou por desconhecidos, e que tanto nos entretêm ou nos podem atualizar sobre os mais variados assuntos ou podem, simplesmente, aborrecer-nos. Pelo título, conseguimos até, muitas vezes, adivinhar o conteúdo que pode ir do anedotário político ou social, da sátira ao apelo místico ou religioso, das sugestões inteligentemente eróticas às cenas de sexo mais despudoradas, ou, simplesmente o desfile das privacidades surpreendidas e devassadas. Não faltam, também, os apelos a sentimentos cada vez mais primitivos como a compaixão, através da exploração de imagens de crianças, ou mesmo adultos, em estado de sofrimento indescritível bem como flagrantes e fantasiosas tentativas de burla. Enfim, o menu é quase inesgotável.

Aconteceu que o e-mail que dessa vez me foi reenviado trazia algo que não só me fascinou, como me deixou colado à tela do monitor, num profundo e silencioso arrebatamento. E o título do anexo era "Faces", nem mais. E, *slide* a *slide*, com uma música sugestiva de fundo, foram, diante do meu olhar deslumbrado, desfilando rostos. De matizes, texturas, cores e iluminações diferentes, mas mesmo muito diferentes entre si, mas inapelavelmente iguais na sua humanidade.

---

14   Artigo publicado na *Revista M de Moçambique*, de julho de 2010.

Abertos num sorriso irresistível e provocante, uns, fechados outros. Sulcados pelas marcas do tempo e pelas intempéries da vida alguns, imberbes e faiscantes outros no gesto magnetizante que eterniza a luz da juventude. Tensos uns, numa pose descontraída outros. Inexpressivos alguns, de uma intensidade perturbadora outros. Desconcertantes na sua dureza alguns, de uma suavidade sem fim outros. Provocatórios, travessos e folclóricos uns, de uma profunda e olímpica austeridade outros.

E essas imagens que pareciam correr de forma vertiginosa para o baú do esquecimento regressaram avassaladora e ruidosamente no Junho inesquecível e festivo das emoções futebolísticas que se apoderaram de milhões de africanos e de homens e mulheres de outras latitudes. Em termos de sons, imagens e cores, o Campeonato do Mundo, há pouco terminado na África do Sul, foi uma eloquente demonstração de que o conceito de futebol como espetáculo, sobretudo como espetáculo televisivo, terá mudado irreversivelmente.

E para isso contribuiu, julgo que de modo indubitável, a galeria de rostos que a televisão e os jornais nos ofereciam no dia a dia do evento, nas poses mais improváveis e com as expressões mais indecifráveis. E, no festival de rostos sob o tonitruante som das inapagáveis *vuvuzelas*, cintilaram as chamas de uma humanidade que teimosamente teimamos em destruir e que mora dentro e ao lado das pessoas com que nos cruzamos todos os dias e que não vemos. Os rostos são, afinal, a vitrina que, revelando, dissimulando e ocultando as nossas emoções, celebra a nossa condição, neste nosso quotidiano que, cada vez mais, também nos obstinamos em torná-lo sem cor e sem encanto.

Lica Sebastião – *Poemas sem véu*[15]

Não haveria título mais sugestivo e apropriado para esta obra de estreia de Lica Sebastião. Estamos, pois, perante uma escrita que afirma de modo quase cortante a sua condição de poesia, num intenso e concentrado investimento na própria palavra. Esta, mais do que procurar desvendar mundos, institui como que uma celebração de si própria, através da exploração das suas múltiplas sonoridades como, por exemplo, em "Confidências de uma sexta-feira":

> Se a minha mente vagueia
> e eu, de semblante perdido
> ou com trejeitos expressivos,
> é simplesmente porque procuro palavras
> para um poema com cores

---

15   Prefácio a *Poemas sem véu*, de Lica Sebastião, de 2011.

Ou, em "As línguas"

> Milhões de fonemas,
> Articulações, timbres, pausas,
> Sussurros, cicios, sílabas,
> Palavras, torrentes de palavras
> Alinhadas, crescentes, plenas, vazias.

Nessa busca que se impõe, afinal, como essência da própria poesia, aos jogos sinestésicos que cruzam sensações cromáticas, sonoras e de movimento, se associa um lirismo que pode ser nostálgico,

> Quando a saudade chegar
> a querer fustigar
> e mesclar a minha alma com melancolia
> como se atravessasse o deserto ventoso,
> de mil ocres, pastéis-alaranjados, amarelo-violáceos,
> vou juntar todos os pedacinhos de ternura
> que me deixaste no corpo e na memória
> e com eles alimentar o meu coração.
> Depois, no sossego do meu ser,
> vou adormecer.

Temos, também um lirismo envolto no apelo ansioso de quem ama:

> Amor,
> embriago-me com os cheiros impuros da cidade
> e com o vento do início do estio
> e com o sal das lágrimas.
>
> Espero por ti.

Ou, então, um lirismo inquieto e inconformado, na dúvida quase existencial de se saber correspondido em "What am I to you?":

> Todavia, nem com beijos
> Que ainda me roubam rubores
> Enuncias a verdade.
>
> Quem sou eu para ti?

Esta é, pois, uma poesia de verso contido, quase seco mas não descarnado. Isto é, estamos perante uma escrita de intenso contorno epigramático e que faz da concentração das palavras e dos sentidos, no gesto breve de muito dizer com tão pouco, uma marca singular de expressão poética. Marca também ela caracterizada por um assumido labor e por uma interação tão necessária quanto produtiva:

> Dei os meus poemas a ler.
> Não propriamente por vaidade,
> mas porque _dizem_os outros fazem melhor retrato do que nós mesmos.
>
> Fiquei aterrado.
> Cada palavra e cada "eu" encontrados
> nos versos líricos (de amor ou de desamor)
> foram espremidos, dissecados, adivinhados à facada e a alfinetadas.

Ler estes poemas é uma experiência de fruição curiosamente potenciada pela forma tensa, mas inteligente como se escolhem e se interligam as palavras, recriando sensações e convocando significados que transcendem a onipresente subjetividade da voz poética.

As múltiplas faces da condição humana em Rui Cartaxana[16]

Para quem se habituou a ler, no passado, a última página da revista *Tempo*, então preenchida pela regular e opinativa intervenção de Rui Cartaxana, certamente que estes contos são uma revelação. São muitos os exemplos daqueles que vivendo do ofício da escrita jornalística não resistiram ao apelo da poesia ou da ficção. Mas serão seguramente menos os que, nesse capítulo, saíram da mediania.

Ao ler estes fragmentos, ganha feroz atualidade o já velhinho preceito aristotélico que concebe a literatura como amplificação da realidade para mais profundamente pensar essa mesma realidade. E o que exatamente ressalta em *Manauè e outros contos* é a acutilante interpelação da vida e da condição humana nas suas variadas e surpreendentes dimensões.

Com uma agudeza e uma sutileza que distinguem os observadores de eleição, as personagens que aqui se movimentam, nas ações e nas falas que protagonizam, são-nos representadas dominantemente sob o ângulo de uma interioridade que se vai instituindo como genuína constelação de emoções, pensamentos, angústias e vacilações. E é sobretudo enquanto seres oscilantes que essas mesmas personagens projetam o que existe de mais complexo e desconcertante na natureza humana.

---

16 Prefácio a *Manauè e outros contos*, de Rui Cartaxana, de 2010.

Tais são, por exemplo, os casos do velho Manuel Mapupe, no exercício desesperado de ter que se conformar com a inesperada reforma como retaliação imposta pelos patrões por se ter tornado assimilado, ou dos homens soterrados na mina de carvão na espera angustiada de uma salvação que tarda e que desencadeia as reações mais desencontradas quer em "Carvão" quer em "Bonecos de cera – uma morte limpa".

Ou de Mussumbula, menino negro que sofre os vexames e crueldades perpetrados por meninos brancos. Ou dos suores frios experimentados por Gastão diante do jogo de sedução habilmente arquitetado e levado ao limite pela cunhada adolescente, "uma catraia de 16 ou 17 anos, meia 'chalupa', com pretensões a mulher!" Ou, então, de D. Constança que vai ruminando rancores e urdindo a melhor vingança, ao tomar conhecimento da infidelidade do marido.

Com uma escrita elegante e envolvente, o autor destes contos oferece-nos imagens recortadas, mas eloquentes da sociedade colonial. São retratos onde se reconhecem e se denunciam psicodramas e sociodramas devidamente localizados no tempo e no espaço, com o seu ror de injustiças, humilhações, tensões e atropelos de vária ordem.

Num mundo dividido ao meio, com dominadores de um lado e dominados de outro, o estigma da raça impõe-se de forma esmagadora na demarcação de duas esferas existenciais que se entrechocam, determinando os movimentos discursivos e existenciais de todos eles. A título de ilustração, encontramos Manauè, cuja tentativa de defender o pai das arbitrariedades de António Carrelo e de outros homens brancos lhe vai custar uma perseguição como se de um animal se tratasse. Ou de Jeremias Biane levado à força pelos sipaios para o contrato, justamente na noite em que a sua mulher se encontrava em trabalho de parto para trazer à luz a menina que ele ansiara a vida inteira e não veria.

Os contos de Rui Cartaxana obedecem a lógica construtiva que é a razão de ser da narrativa curta. Isto é, buscar o máximo de efeitos com o mínimo de meios, conduzindo-nos para o clímax da história, exatamente onde ela termina e onde se dá a concentração da intensidade dramática. E este é um momento quase sempre precedido pela sensação de que nada acontece ou de que algo de extraordinário está para acontecer, mantendo o leitor numa intensa e crescente expectativa.

Dominados pelos fluxos da vida interior, estes contos fazem-nos entrever, através do traço vigoroso de figuração das suas personagens, as múltiplas e variadas emanações de que, afinal, é pródiga a existência. No que ela tem de desprezível e no que ela tem de virtuoso.

José Luís Cabaço, *Moçambique: identidades, colonialismo e libertação*[17]

Em diferentes intervenções, na reiterada mas compreensível busca de uma explicação mais consentânea com aquilo que considera ser a especificidade da colonização portuguesa, Boaventura de Sousa Santos defende que o colonialismo português foi um colonialismo de *semiperiferia*, em contraponto a outros colonialismos que se teriam caracterizado por formas de sujeição muito mais centradas e poderosas.

Esta posição, de um dos mais reconhecidos intelectuais portugueses contemporâneos, converge, em certo sentido, com algumas das formulações que, no passado, foram produzidas ou para legitimar a presença colonial portuguesa em África, ou como exercício sublimatório de uma saga que, tendo concorrido para a desestruturação existencial de diferentes povos, se alicerçou na ideia de uma ação pretensamente messiânica, civilizadora e moralizadora, condimentada por presumidos *brandos* costumes desse mesmo colonizador.

Se para os que sustentaram e, de certo modo, ainda sustentam estas teorias justificativas, no caso do sociólogo português acima referido, o que parece movê-lo é uma genuína necessidade de compreender um fenômeno que até hoje suscita questionamentos, inquietações, revolta, condenações

---

17   Prefácio a *Moçambique: identidades, colonialismo e libertação*, de José Luís Cabaço, de 2009.

e, em certa medida, perplexidade. Como é que um país tão pequeno e tão limitado, "colonialistas de segunda", como lhes chama Eduardo Lourenço, mantiveram durante tanto tempo, um império tão vasto?

É, pois, na esteira desses questionamentos e de outros que têm Moçambique e os moçambicanos como preocupação central, que se inscreve este trabalho de José Luís Cabaço. Trata-se de uma incursão profusamente documentada e cuidadosamente estruturada por diferentes épocas, entidades, motivações, visões do mundo, comportamentos e procedimentos que caracterizaram a presença colonial portuguesa, em Moçambique, por um lado, e que ditaram o surgimento das condições, subjetivas e objetivas, por outro, não só para a alteração de uma ordem dominante como também para a sua substituição por uma outra.

Com o título *Moçambique: Identidades, Colonialismo e Libertação*, esta obra, mais do que apenas corporizar uma pesquisa que conduziu à obtenção do grau de doutoramento para o autor numa universidade brasileira, constitui uma importante revisitação histórica e cultural, numa vigorosa negação da demissão da memória ou da insustentável amnésia que parece se ter apoderado de algumas das consciências mais representativas do processo que mudou o curso da nossa história, e não só.

Dividido em quatro capítulos, sequenciadamente intitulados *A Chegada do Cavalo Pálido*, *Assimilar para não Mudar*, *"Reformas" Luso-Tropicais* e *Os Anos da Libertação*, este é um livro que atravessa cerca de cinco séculos de História. Por um lado, rastreando aquelas que são as tendências mais marcantes dos diferentes períodos e, por outro, destacando aquela que, segundo o seu autor, é a imagem de marca da colonização portuguesa, em Moçambique: o dualismo. Dualismo cultural, socioeconômico, racial, identitário, mundividencial e espacial em que fundamentalmente encontramos uma sociedade dividida ao meio: por um lado, os colonos, os dominadores e, por outro, os colonizados, os dominados.

Apesar desta fratura essencial e bipartida, o autor vai nos mostrando a complexidade que enforma a sociedade colonial no seu todo e nas partes que a constituem de tal modo se dissipa, à partida, a ideia de aí se terem desenvolvido processos lineares e harmoniosos ou identidades estáveis e estanques. Muito pelo contrário, o que se verifica é uma interminável sucessão de tensões, contradições, recuos, indefinições, conflitos e irresoluções.

E esse dualismo estrutural, alicerçado numa lógica hierarquizadora, acaba por confrontar-se com outras realidades dicotômicas que a própria sociedade tradicional configurava, ou por ser, ele próprio, gerador de outros dualismos como sejam "branco e preto", "indígena e colonizador", "cultura e usos e costumes", "oralidade e escrita", "superstição e religião", etc. (p. 28).

Se é verdade que a ideia de dualismo parece contrapor-se aos processos de hibridização que inevitavelmente caracterizam as sociedades coloniais, o autor tem o cuidado não só de referir-se à complexidade estrutural dessas mesmas sociedades, como também aos diferentes processos que vão conduzindo a que as fronteiras que delimitam os dois mundos em confronto se tornem difusas e, em alguns momentos, se interpenetrem, mas sem perderem, na essência, a sua natureza e integridade.

É, aliás, a irreconciabilidade entre esses dois mundos que está por detrás da essência e da violência do sistema colonial, como também das rupturas, quase sempre traumáticas, que ele próprio despoleta.

Subjacente ao processo de gestação, fixação, consolidação e sofisticação do Estado colonial, portanto desde o século XV, passando pelas fases mercantis e escravagistas, entre os séculos XVI e XVIII, pela fase de ocupação efetiva na segunda metade do século XIX, pelo estabelecimento do Estado Novo, em 1926, pela insurreição nacionalista no inícios da década de 60, até ao seu ocaso, com o golpe militar, em 1974, vemos desenhar-se toda uma constelação de situações que vão dar uma configuração e dinâmica particulares, entre outras, a dimensões como história, cultura, identidade, poder e nação.

Com estes referenciais, a obra escalpeliza a forma como eles participam de um processo que incorpora motivações conscientes e atos deliberados de dominação e de construção do Estado colonial. Por outro lado, e interligados com os desígnios de hegemonização, não deixam de estar equacionadas dimensões próximas de uma certa irracionalidade e que se consumariam nas situações-limite de violência física, psicológica e racial.

E, neste particular, serão notórias as grandes contradições da ação e do discurso colonial que, autolegitimando-se através de valores humanísticos retoricamente sublimes, protagonizaria, de forma sistemática e consciente, atrocidades que deixariam marcas na esteira do tempo. E os processos sublimatórios a que nos referimos antes incluiriam tanto a mitificação como a mistificação da presença colonial portuguesa em África.

Quanto aos mitos que acompanharam a saga colonial não podemos deixar de nos referir ao próprio mito do Império, ao mito da Terra Prometida, ao mito da Vocação Ecumênica, ao mito do Progresso, entre vários que serviram para alimentar o imaginário de um povo que se julgava escolhido pelo Destino para tirar os outros das trevas do atraso cultural e civilizacional.

Em relação às mistificações identificadas pelo autor, a que mais se destaca e merece uma abordagem exaustiva no texto é a teoria luso-tropicalista do sociólogo brasileiro Gilberto Freyre.

Tendo o salazarismo significado a consolidação do Estado colonial e a consumação da identificação entre Pátria e Império, o luso-tropicalismo, que pouca repercussão teria entre os africanos, excetuando as reações críticas de Amílcar Cabral e Mário Pinto de Andrade, surgia como consolação revigorante para a autoimagem dos portugueses.

Apesar do descompasso entre o que a teoria apregoava sobre a relação alegadamente privilegiada que os portugueses teriam com os povos tropicais e embora essa mesma teoria provocasse um indisfarçável desconforto entre as hostes mais conservadoras, irredutíveis e racistas da sociedade portuguesa, ela tornava-se oportuna e protetora perante a contestação internacional cada vez mais generalizada em relação à situação colonial.

Se no concernente ao colono, de forma geral, a questão da sua própria identidade cultural não apresentava indícios de perturbações estruturais assinaláveis, pois tratava-se, sobretudo, de associá-la a uma dimensão imperial – segundo a penetrante interpretação de Eduardo Lourenço, os portugueses não só sofrem de hiperidentidade como conseguiram fabricar acerca de si mesmos uma imagem absolutamente idílica –, será, contudo, entre os chamados "assimilados", os indígenas convertidos, onde vemos manifestarem-se de forma aguda, quando não mesmo patológica, as grandes contradições e tensões geradas pela presença colonial europeia em África.

Produtos de vários mecanismos aculturativos, sejam eles religiosos, educacionais, laborais, jurídicos – o autor aponta-nos, também, a experiência militar, em especial no exército colonial, que inseria o africano numa cosmovisão outra com a qual era obrigado a identificar-se para sobreviver e ser aceite – os assimilados, *identidades problemáticas* devido à oscilação a que estão sujeitos, transportam dentro de si dois mundos, um de origem e o outro que se impõe como aspiração.

Tal fato faz deles, simultaneamente símbolos de um dualismo que se desenrola interiormente, fraturando-os, dilacerando-os e alienando-os, muitas vezes, como também os projeta enquanto protagonistas do inconformismo, da revolta, da denúncia, do conflito existencial e identitário, da gênese do nacionalismo e da negação do sistema que, teoricamente, os distanciou das suas origens como os moldou para a perpetuação do mesmo.

É tendo em conta os processos assimilatórios, normalmente impostos pelo colonizador, de que parecem fazer eco as considerações de dois filósofos tão distanciados no tempo e no espaço, tais são os casos de Montaigne (século XVI) e Walter Benjamin (século XX), quando falam da *cultura* como *barbárie*. Expressão clara da violência de um imaginário sobre outro. Uma perspectiva foucaultiana revela-nos, a este propósito, que no estatuto que se outorga ao outro e na organização interna das relações de poder, acaba por estar em jogo o próprio estatuto da humanidade. E a imagem de marca de qualquer colonialismo, independentemente da cor, das justificações e das motivações é sempre a sua desumanidade, sobretudo, no que toca à negação do direito do outro à diferença, vista sempre como falha, como defeito.

Por outro lado, o assimilado acaba por manter uma relação ao mesmo tempo metonímica e metafórica com um espaço matricial e emblemático da colonização, que é o subúrbio. Se é certo que o autor opta pela designação periurbano, entendemos que é precisamente no subúrbio onde se desenvolvem as grandes transformações e convulsões culturais e intelectuais que irão concorrer para a fermentação do ciclo de insurreições e revoluções que atravessarão o continente africano a partir da década de 50.

Essa fermentação irá traduzir-se no nacionalismo armado, opção-limite que irá conduzir ao fim da presença colonial portuguesa em Moçambique. Sobre os anos da libertação e sobre todas as vicissitudes que lhes são inerentes nas suas múltiplas variáveis, dá-nos o autor a sua interpretação no último capítulo, deixando em aberto as implicações culturais, políticas, socioeconômicas, ideológicas e identitárias que daí adviriam, já no contexto da pós-Independência.

Para concluirmos, sem obviamente fecharmos a reflexão que esta obra propicia, gostaríamos de voltar a reiterar o mérito deste trabalho que consegue na aliança entre a exigência, o rigor acadêmico e o depoimento pessoal, a objetividade e a lucidez sempre necessárias em empreendimentos desta natureza, sobretudo se tivermos em conta que se trata de alguém que assumidamente se perfila como produto e sujeito da História que interpela.

Luís Carlos Patraquim, *Matéria concentrada. Antologia poética*[18]

A poesia consola? Esta é uma pergunta que terá, eventualmente, algo de desconcertante, sobretudo para quem tem uma longa e consistente familiarização com o discurso poético quer como fazedor quer como simples leitor. Mais a mais tratando-se, neste caso específico, de um prefácio que deve, em princípio, funcionar como proposta de uma leitura estável.

Na verdade, a questão acima foi-me suscitada por um instigante dossiê de uma das últimas edições da revista brasileira *Cult*, onde se discutia a relação entre a filosofia e consolação, isto é, o poder que o pensamento pode ter no conforto da nossa vida interior. Desde a antiguidade greco-latina, passando pelas Idades Média e Moderna, até à contemporaneidade, são rastreadas algumas das mais importantes formulações filosóficas que, implícita ou explicitamente, concorreriam para o alívio do sofrimento humano.

Tratando-se de poesia, mesmo salvaguardando as suas múltiplas funções, qual o lugar reservado à consolação? Ou, melhor, tendo em conta a sua natureza, faz sentido farejar-lhe algum poder consolatório? Não estaríamos a estreitar ou a extrapolar a sua própria vocação?

E o que dizer, tratando-se da poesia de Luís Carlos Patraquim? Há alguns anos atrás, o professor e ensaísta, Fernando J. B. Martinho, con-

---

18 Prefácio a *Matéria concentrada. Antologia poética*, de Luís Carlos Patraquim, de 2011.

fessava que estávamos perante um dos mais torturados poetas de que até então tinha memória.

Se a isso acrescermos que Patraquim é seguramente dos maiores estetas contemporâneos em língua portuguesa, em cuja criação poética reconhecemos a profunda vibração da máxima modernista enunciada por MacLeish de que *a poesia não deve significar, mas ser*, onde encontrar, de fato, o apaziguamento interior?

E é curiosa e paradoxalmente no cruzamento entre o dilaceramento e o compromisso estético onde, entendo, podemos identificar os apelos consolatórios que a sua escrita parece encerrar, sem que necessária e deliberadamente os persiga.

Ler Patraquim, nesse permanente e estruturante movimento de uma escrita que quer efetivamente *ser* mais do que *significar*, constitui um desafio de profunda intensidade fruitiva e interpretativa desencadeada por elementos recorrentemente instituídos por uma poesia que configura uma singular, mas poderosa identidade criativa e crítica que o conjunto dos poemas antologiados em *Matéria Concentrada* nos oferece.

Assim, começamos por um dos mais reiterados traços estilísticos que atravessa praticamente toda a sua obra e que a tradição clássica designa de **anacoluto**. Trata-se de uma figura retórica que se caracteriza pela interposição brusca de uma palavra ou de uma frase e que desafia não só a estabilidade formal do poema, como também os sentidos que eventualmente lhe podem ser atribuídos. Os exemplos são inúmeros: "não sabia fingidor o **silêncio** // via em teus cabelos **era o corpo brunido** // então passávamos a casa uma árvore **o rio**" (*Monção*); "a folha eléctrica **o fogo** // noutro tempo de sal **o visco** // alguns cigarros **a terra**"...

Com este recurso, num aparente desrespeito às regras da língua e das lógicas do pensamento, o poeta sublinha um duplo compromisso: com a corrente da consciência, por um lado, e com os ritmos e coloquialismos da oralidade, por outro, numa enfática manifestação de liberdade interior, do culto do inesperado e da espontaneidade. Embora vigiados pelo também pendor cerebralista do sujeito poético, todos esses aspectos concorrem, mesmo assim, para o estabelecimento de uma racionalidade, para todos os efeitos, antirracionalista.

Um outro elemento característico e marcante na poesia de L. C. Patraquim prende-se com o uso de uma figura que, mais do que uma mera emanação estilística, é expressão de um modo de pensar e sentir a poesia e o mundo. Trata-se da **hipotipose** que se traduz pela enumeração de palavras ou de formas sintaticamente livres que procuram pormenorizar um objeto ou uma ideia.

É, assim, por exemplo em "Algum inventário", na recriação de um lugar, de um ambiente difuso, com algo de opressivo:

> a **folha eléctrica o fogo**
> consonante onde dorme **esta rua**
> a **flor crescendo**
> noutro tempo de **sal o visco**
> **deste silêncio** que nos sobra
> o veio secreto na **madeira**
> alguns **cigarros** a **terra** (...)

ou em "Variação de Nyau":

> e os faunos bateram o som   a pele fremente das planícies
> abertas   o vento corria vermelho por dentro e as mulheres
> acordaram batendo   mordendo o sumo dos cajueiros com
> largas mãos acesas na noite   a monção agónica nos tandos
> espermáticos do olhar   seios espigas verdes escorrendo leite
> então o grito (...)

Na acumulação de fragmentos da realidade, reforçada pela deliberada elisão ou redução de formas verbais, vemos emergir uma totalidade animada e policromática que tem a ver, neste caso, com o Nyau, dança tradicional, mas que se impõe, no essencial, como uma expressão eloquente da idiossincrasia poética de L. C. Patraquim. Aliás, a recorrente referência a esta dança do centro-oeste de Moçambique tem algo de singularmente obsessivo no poeta como se, no jogo das máscaras, no ritmo acelerado e vertiginoso dos tambores, na dança ritualística, mítica e secreta do Nyau, aí residisse o inapreensível que, ao mesmo tempo, o seduz e o atormenta:

> eis a noite verde
> esculpida
> onde jugulada ao fogo
> a mão a embosca
> na voz para o rosto
> permeável da terra ("Máscara de Nyau")

Ronda a máscara a carniça
Das ideias e seu rosto que abomina
Onde a pátria não cansa
E o peito dói ("Segunda Variação do Nyau")

Torturado, mas também celebrativo, pela matéria da(s) forma(s) que os seus poemas devem afirmar do que propriamente por referências que povoam o mundo dele e o nosso, o rigor na seleção da palavra e da imagem torna a escrita de Patraquim invariavelmente densa e tensa, numa volúpia enunciativa, em que a própria escrita se torna objeto poético. E é aí que encontramos uma espécie de autorreferencialidade literária quando vemos a sua poesia prestar tributo a outras vozes que, por si apropriadas, foram, entretanto, impregnando e contribuindo para a reconfiguração da sua arte poética. Entre outros, Craveirinha, Knopfli, Drummond, Camões, Maiakovski, Rui Nogar, Sebastião Alba...

Por outro lado, sutil e poderosa, a metáfora reenvia-nos não para o que existe, mas para o que passa a existir decorrente da imagem que a partir daí é instituída: "pele morna de girassóis" ("A Voz e o Vento"), "cabelos da amada / minha relva quente" ("O Tropel Nocturno"), "a mulher é que é a vagem e a terra" ("Metamorfose"), "todas as formas são arquipélagos em movimento" ("A Inadiável Viagem"), "Um coágulo de alegria", "sintaxe de sombras" ...

Denunciando um leitor ávido e compulsivo, a escrita de Patraquim faz disseminar uma profunda erudição que alarga e desafia necessariamente o nosso campo referencial. Espraiada de forma despretensiosa, essa é uma erudição que se cumpre sobretudo como efeito da própria escrita.

Para completarmos a leitura desta coletânea (sem pretendermos ser conclusivos ou exclusivos), não poderíamos deixar de referir-nos ao erotismo, também tão presente e tão transversal na poesia de L. C. Patraquim. Lirismo antilírico, o erotismo em Patraquim transforma o sujeito numa quase ausência que se insinua e se anula no apelo do outro, isto é, da outra, e em que o objeto se agiganta feito desejo, feito sensação, feito sugestão: "afasto as cortinas da tarde / porque te desejo inteira / no poema" (Adágio); "quando vier a água / brincar inocente / em tua gruta" (Canções); "aqui fundo a raiz / e o espaço / neste ciciado cio / teu monte azeviche / aberto às manhãs / cacimbadas a nervo".

E, mesmo, mesmo a terminar, o regresso ao princípio: a poesia consola? Na multiplicidade de efeitos que ela propicia enquanto espaço de fruição da escrita e da leitura, na relação recriadora com a palavra e no que esta prodigaliza, ela, a poesia, vai nos devolvendo muito do que o nosso tempo vai subtraindo e transformando em vazio. Isto é, na angústia do vazio de nós próprios, afinal, da nossa própria historicidade como humanos. E aí está a poesia de Luís Carlos Patraquim, entre tormento e fascínio, entre raciocínio e emoção, entre desejo e negação, entre rigor e dispersão, a sugerir-nos que a poesia, afinal, *também* consola.

João Mosca, *Longo caminho para a cidadania*[19]

Ao ler estes artigos de João Mosca, agora reunidos em livro, e que foram sendo publicados nos últimos anos, no jornal *Savana*, somos tomados por diferentes sentimentos, sobretudo tendo em conta que eles retratam e repensam o nosso quotidiano e o nosso destino comum, como país e como povo.

Inquietação, revolta, frustração, impotência, perplexidade e indignação, entre outros, trazidos pela constatação de que o que nos acontece tem, afinal, uma profundidade e um alcance que estão muito além das nossas imediatas percepções e sensações, muitas vezes atracadas no senso comum. E o mérito está no fato de o autor conseguir casar em si, naquilo que deveriam ser simples artigos de opinião, uma consistente e consequente formação científica e um sentido interventivo e combativo em defesa do interesse público. Algo que tem o sonoro, mas muitas vezes indiscernível nome de cidadania.

Num célebre poema, intitulado "Poema do futuro cidadão", escrito entre os anos cinquenta e sessenta, mas de uma feroz e perturbadora atualidade, José Craveirinha proclama: "Vim de qualquer parte / de uma nação que ainda não existe. // Não nasci apenas eu / nem tu nem outro.../ mas irmão. // tenho no coração / gritos que não são meus somente / por-

---

19 Prefácio a *Longo caminho para a cidadania*, de João Mosca, de 2012.

que venho de um País que ainda não existe // Eu! / Homem qualquer / cidadão de uma Nação que ainda não existe".

Esta é apenas uma pequena, mas elucidativa passagem que, além de ser uma interpelação à nossa consciência e existência presentes, às vezes, tão imerecedoras do muito que muitos antes de nós fizeram para estarmos aqui, se institui como um concentrado apelativo de alguns dos fundamentos de uma cidadania que todos os dias nos escapa e, em relação a qual, João Mosca nos vai dando conta, na forma e nos conteúdos que caracterizam os seus escritos.

E a transversalidade dos temas que aborda (Política e Sociedade, Economia, Agricultura, Cooperação) traduz não só a pluralidade e diversidade dos fatos que interpreta e denuncia, mas também a exigência interdisciplinar no modo de pensar o mundo de que acreditamos fazer parte.

Indiscutivelmente imbuído de vibrações filosóficas, políticas, culturais, epistemológicas e éticas, o conceito de cidadania está, sobretudo, carregado de uma profunda e intensa dimensão humana. Tão humana que é, muitas vezes, nas pequenas coisas de que é feito o nosso quotidiano, que ele se manifesta. E tudo passa pelo respeito que devemos ao outro. A cidadania começa no momento em que nos apercebemos que a nossa existência só faz sentido porque os outros existem. Isto é, entre a liberdade de me manifestar e existir e a responsabilidade ética pelo outro. Esta é e deveria ser a condição primeira para se ser cidadão, mas sobretudo para se ser servidor público.

É, pois, por a alteridade ser uma condição da cidadania que ela está indissoluvelmente ligada à ideia de democracia. Não é por acaso que, desde às origens, democracia e cidadania se interligam e se implicam, mesmo a despeito das subversões históricas que as tentaram separar. As rebeliões das multidões, um pouco por esse mundo fora, são mais do que o resultado de uma difusa e indecorosa crise financeira internacional. Elas são seguramente expressão de um supremo sentido de cidadania, que não deixa de traduzir uma aguda crise civilizacional e das instituições que foram erguidas e idolatradas por teoricamente representarem os cidadãos.

Afinal, a quem representam, em última instância, os partidos? Quanto aos processos eleitorais, até que ponto a justiza e a transparência são reais? Quais são as verdadeiras motivações de um legislador, de um parlamentar? Onde começa efetivamente o direito de participação efetiva do cidadão nos destinos de um país, como o nosso, por exemplo? O espaço exíguo que lhe é concedido não é ele próprio propulsor ou de apatia ou de violência? Somos cidadãos, cidadãos que pensam, que agem, que questionam, que são ouvidos, realmente, ou não passamos de simples objetos numa comunidade global de consumo, ou súditos passivos das nossas incipientes democracias domésticas? Até que ponto faz sentido termos, de um lado, indivíduos a quem chamamos políticos e, do outro, aqueles a quem denominamos de sociedade civil e que, na maior parte dos casos, parece que caminham em sentidos contrários? Afinal, de quantos países se faz um país? Até quando continuaremos a perpetuar a máxima orwelliana de termos cidadãos(?) uns (poucos) cada vez mais iguais do que outros (a maioria)?

Não é pois, por acaso, que o exercício da cidadania tende, hoje, e cada vez mais, a tornar-se mais físico que argumentativo, dada a intransigência dos poderes instituídos. A cidadania não é uma questão de quantidade, mas de qualidade. Não é uma questão de demagogia, mas de princípio, de *praxis* e de realismo. Mais do que uma questão de instituições, é ela própria fator de dignificação da condição humana. Mais do que o culto irracional ou premeditado de afinidades partidárias, ou de exibição despudorada de umbigos reluzentes, a cidadania é uma sublime expressão de respeito pela diferença, seja ela étnica, sexual, racial, política ou socioeconômica. Só os espíritos tíbios se atemorizam com os que não são como nós ou pensam diferente.

São estas algumas das muitas lições que os textos de João Mosca nos vão deixando, ou nos vão sugerindo. Frontal, corrosivo (ver, por exemplo, o artigo "Fez, Faz... Foi"), acutilante ("Agora já temos a década dourada"), premonitório ("A crise é séria"), cético (é possível despartidarizar e moralizar o Estado?), mas também construtivo (em quase todos os artigos há sempre propostas de medidas, concorde-se ou não com elas, para obviar as dificuldades) e, sobretudo, muito pedagógico na descrição dos fatos, na exemplificação, nas demonstrações, na simplicidade da explicação e na profundidade das leituras. Um leigo, como assumidamente o é o autor deste prefácio, em economia ou em matérias agrárias, corre um sério risco de deixar de sê-lo.

E no seu exercício de cidadania, "ecoando gritos que não são *seus* somente", Mosca, com os seus escritos, ao fazer do conhecimento a sua principal arma de arremesso contra a imoralidade, a intolerância, a inépcia, o seguidismo, a incompetência, a prepotência e o ventriloquismo, ensina-nos que há várias formas de participar na edificação de uma sociedade livre, aberta e evoluída.

São, pois, estas, algumas das ideias que movem um homem da academia, na verdadeira acepção da palavra. Cidadão da Gorongosa, de Moçambique e do Mundo, eis, pois, João Mosca, o irredutível cidadão de uma nação ainda por existir.

Lucílio Manjate,
O contador de palavras[20]

Julgo que o título desta obra e a epígrafe com que o autor abre este conjunto de contos seriam matéria bastante para preencher a apresentação deste livro.

Desta feita, começando, em primeiro lugar, pelo título, *Contador de Palavras*, a questão que se coloca, de imediato, ao leitor, é: estaremos, nesta obra, simplesmente perante uma preocupação enumerativa e contabilística das palavras, numa espécie de adoração da morfologia e da sequência com que elas se perfilam no texto? E, se assim for, até onde esse exercício nos pode conduzir?

Ou, então, considerando que contar significa ato de relatar ou narrar, e que as palavras pudessem ser substituídas por histórias, acontecimentos ou fatos, então, em vez de "contador de palavras" teríamos "narrador de histórias". E aí ver-nos-íamos confrontados com uma flagrante situação de redundância. Afinal, que outra coisa poderíamos narrar além de histórias? A literatura não é, em última instância, redundante? O que faz ela senão repetir linguagens, ao mesmo tempo que recria outros mundos?

Em segundo lugar, temos a epígrafe da autoria de alguém que corporiza superiormente essa ideia de redundância. Trata-se, pois, de Jorge

---

20 Apresentação do livro *O contador de palavras*, de Lucílio Manjate, em 29 de março de 2012.

Luis Borges que afirma: "O facto central da minha vida tem sido a existência de palavras e a possibilidade de as tecer em poesia".

Como podemos perceber, não é, pois, casual nem inocente a escolha, pelo autor, nem do título, nem da epígrafe. Na esteira das suas obras anteriores, significativamente intituladas *Manifesto* (2006) e *Os Silêncios do Narrador* (2010), o que ele nos confirma com este *Contador de Palavras* é que, um pouco à imagem de Borges, o fato central da sua escrita tem sido as palavras. E que mais do que os lugares, tempos, ações e sujeitos, reais e imaginários, que as palavras podem enunciar, o que elas parecem configurar de verdadeiramente fascinante, para o autor, é o campo imenso de possibilidades que elas, as palavras, abrem para pensarem o mundo em que nos movemos e, muito particularmente, de se pensarem a si próprias.

Numa intervenção célebre, ao procurar responder à questão para onde vai a literatura, Maurice Blanchot dirá que a literatura moderna caminha em direção a si própria e que ao fazê-lo, concorria, assim para o seu próprio fim, para a sua própria desaparição. São vários os exemplos que traduzem uma obsessão pelas palavras e pela própria literatura por parte do autor de *Contador de Palavras*. Aliás, nos diferentes contos que dão corpo à obra são constantes às situações de autorreferencialidade, isto é, em que a literatura é o próprio tema. Ora, vejamos:

"A teia e o palito":

> O insólito desta paixão comoveu-me de tal forma que prometi ao meu amigo escrever algo.
> Vou escrever uma história para ti e tudo será possível. (p. 40)

"Dois viúvos, um aviso":

> Calma aí, se eu faço parte dessa história, ao que me parece como protagonista.
> Protagonista não pá. Protagonistas são esses três. (p. 44)

"O gajo e os outros":

> Devo dizer, portanto, que não me interessa nada do que até aqui escrevi, senão a figura do escritor que acima apresentei; e para o escritor chamo a atenção do leitor. (p. 48)

Outros elementos que concorrem para a dimensão metaliterária desta escrita prendem-se com a autoconsciência em relação aos processos de construção da narrativa (veja-se a título de exemplo, "Dois viúvos, um aviso") e com a onipresença de um "eu" que está presente no plano do discurso, sobretudo a nível da narração. Essa presença pode, eventualmente, perturbar os nossos tradicionais protocolos de leitura, sobretudo quando pensamos nas ligações que tentamos estabelecer entre essa voz narrativa e os eventos narrados. Até que ponto esse "eu" participa, de fato, das histórias que conta?

Por outro lado, temos as frequentes interpelações feitas ao leitor pelo narrador, numa clara estratégia de mantê-lo preso no círculo comunicacional por ele próprio estabelecido: "Aproxime-se [leitor], senão não ouve o que eles conversam" (p. 45); "... e outras alegorias que se calhar seriam para o leitor um enfado"; "o leitor não admire" (p. 48).

Como que a contrariar a constatação de Blanchot, o que esta obra nos oferece é um aglomerado de referências e de temas que parecem resistir à ideia de que a autorreferencialidade literária pode conduzir ao fim da literatura. Na verdade, os contos que compõem o *Contador de Palavras* oferecem-nos um diversificado e movimentado painel de seres, lugares, ocorrências, estados de espírito que não só nos propiciam um quadro particular sobre a condição humana, como também resultam de mecanismos de representação que são *per* si uma celebração da literatura enquanto arte da linguagem.

Assim, além de um recurso permanente à memória (não vivemos, nós, afinal, na época de todas as amnésias, de inaceitáveis e inquietantes demissões da memória?), vemos desfilar diante de nós, personagens perturbadas e perturbadoras, deprimidas, sonhadoras, torturadas, desorientadas, deslocadas, nostálgicas e melancólicas. Por sua vez, os lugares, alguns por serem recorrentes (Xinhambanine/Luis Cabral) traduzem movimentos obsessivos dessa mesma memória na intersecção, já de si problemática, entre autor e narrador.

Ao desafiar os limites entre o aceitável e o intolerável e ao explorar os desencontros entre o que parece ser e o que é, entre o que aconteceu e o que poderia ter acontecido, o narrador acaba por projetar-nos imagens, sobretudo de interiores, algo sombrios, densos, demenciais e, nalguns casos, com inspiradoras tonalidades kafkianas, tal como o demonstram os contos "De imaginar somente", "A teia e o palito", ou "O tempo".

E termino como o autor abriu a sua obra: com Borges que, num outro registro, considera que a literatura é "essa iminência de uma revelação que não se produz". E é esta sensação que nos fica da leitura destes contos que denunciam histórias inacabadas e difusas e de uma escrita que se vai definindo num estilo particular. De alguém que, como Borges, vai fazendo das palavras, igualmente, um fato central da sua vida.

ARTIGOS DE OPINIÃO

A primavera dos oitenta ou a História revisitada[21]

Ao Dr. Domingos Arouca

Há uma canção interpretada, de forma soberba, por Whitney Houston e que, confesso, me emociona sempre que a ouço. Trata-se, na verdade, de uma dessas interpretações que dificilmente deixa alguém indiferente tal a intensidade da vibração e do arrebatamento ondulante de uma voz que parece ter recebido o afago inspirador dos deuses. Sintomaticamente, a canção chama-se *One moment in time*.

Recordei-me desta canção extraordinária quando assistia à cerimónia de homenagem ao Dr. Domingos Arouca, sob o lema, segundo os nobres organizadores, dos "80 anos do Dr. Domingos Arouca, Celebrando a Vida, os Feitos e os Exemplos". Não vou aqui falar da vida nem dos feitos deste ilustre causídico – simplesmente o primeiro advogado negro moçambicano –, pois outros o fizeram já com mais propriedade, nem vou sequer relatar, com muitos detalhes, o que foi a cerimónia. Interessa-me, muito em especial, reflectir sobre a carga significativa daquele momento em que pessoas de diferentes quadrantes da sociedade moçambicana se juntaram no "Centro de Conferências Joaquim Chissano" para prestar a referida homenagem.

O primeiro grande significado desse evento é a de que se processou ali uma revisitação da História deste país, através da evocação da histó-

---

21 Publicado no suplemento "Cultura" do jornal *Notícias*, em julho de 2007, por ocasião da homenagem a Domingos Arouca, na comemoração dos seus oitenta anos de vida.

ria de um homem cujo percurso ia ganhando forma e sentido por força dos depoimentos que se iam alinhando nas vozes de pessoas que, em um ou vários momentos, com ele privaram. Tais foram os casos de Jorge Tembe, Hermenegildo Gamito, Mário Machungo, Chico da Conceição, Cadmiel Muthemba (representando o Chefe de Estado) e Ilídio Ribeiro, colega de escola do homenageado, que se deslocou de Portugal expressamente para o efeito.

Mais intimistas uns, mais circunstanciais outros, os fragmentos da vida de Arouca pareciam perseguir uma totalidade que tem a ver com a grandeza humana, política, ética e profissional de um homem que, à imagem de muitos outros, se encontra numa espécie de limbo que alguma percepção dogmática e maniqueísta, quando não míope, do nosso devir coletivo teima em manter num ostracismo ominoso.

Mas o grande momento da cerimônia de homenagem, *One moment in time*, na voz exuberante de Whitney, chegaria com Rui Baltazar que, com a verticalidade, clarividência e coerência que se lhe reconhecem, explicitou (num texto que espero seja devida e urgentemente publicado) o que tem pairado nas consciências um pouco mais avisadas deste país. Isto é, que esta é a altura de se repensar na forma e nos critérios de consagração que têm sido prática, no país, dominados pelo signo da epopeia. Epopeia, entendi nas entrelinhas, que parece incluir uns e rejeitar outros. Numa elocução breve, mas veemente e acutilante, Rui Baltazar, agigantando-se sobre a imagem discreta e comedida a que nos habituou, deixou ali uma verdadeira lição de como ver e fazer a História. Curiosamente, no sentido hegeliano de que ela é um lugar de definitivos provisórios. O que é verdade, hoje, pode não sê-lo amanhã e vice-versa.

Seriam inúmeros, por esse mundo fora, os exemplos para ilustrar essa constatação. As grandes questões que ali estavam a ser lançadas podem ser assim resumidas: afinal, o que faz com que uns façam parte da História e outros sejam mantidos numa obscuridade quase aviltante? Quem decide quem faz parte, ou não, dessa História? A quem ela deve servir, de fato?

Para todos os efeitos, a grande lição que fica daquela memorável intervenção é que a História é um permanente exercício de reescrita e de interpelação. E reescrever a História, longe de ser uma fraqueza, é um ato de inteligência, de honestidade intelectual, de coragem moral, mas sobretudo de sabedoria e de grandeza. Isto é, trata-se sobretudo da capacidade que os povos e os poderes instituídos têm de olhar para dentro de si próprios, num incessante processo de autoquestionação e de interpretação, revisitando e iluminando o que aí existe de mais obscuro, equívoco, difuso e denso, tornando sustentável o insustentável, razoável o irrazoável, transparente o obscuro.

Na sua obra, *Seis Propostas para o Próximo Milénio*, de 1992, o filósofo Italo Calvino elege a *leveza*, a *rapidez*, a *exatidão*, a *visibilidade*, a *multiplicidade* e a *consistência* como os grandes desafios que nos são colocados para fazer face ao presente e ao futuro, quer como indivíduos quer como sociedade. Assim, a *leveza* da linguagem e do pensamento deve impor-se como reação ao peso da vida e do mundo. Por seu lado, a *rapidez* deve traduzir-se em agilidade, mobilidade e desenvoltura para enfrentar as grandes trepidações e acelerações do nosso tempo, enquanto que a *exatidão* deve caracterizar a forma como devemos lidar com aquilo que ele apelida de "epidemia pestífera" que atingiu a forma como hoje usamos a linguagem, de forma despudorada, irresponsável e inconsequente.

A *visibilidade*, capacidade de criar visões, portanto, de imaginar, é, para Calvino, um valor fundamental a preservar, sobretudo neste tempo em que a imagem televisiva é rainha e em que a *memória está coberta de camadas de pedaços de imagens como um depósito de lixo, onde é cada vez mais difícil que uma figura entre muitas seja capaz de ganhar relevo*. Finalmente, se *multiplicidade* tem a ver com a capacidade de desenvolver uma visão plural, multifacetada, aberta e contínua do mundo, a *consistência* traduz a forma como devemos lidar com o acaso, não deixando que seja ele a decidir sobre os nossos destinos.

Enquanto depositária da memória coletiva, mesmo que engendrada e veiculada por grupos determinados, a História tem que deixar de estar refém de visões facciosas, manipuladoras e providencialistas. Estas parecem-me propostas que, devidamente equacionadas e contextualizadas, nos podem ajudar não só a situarmo-nos em relação ao futuro e ao mundo, mas também em relação ao nosso passado, próximo ou mais remoto, num reencontro conosco próprios, nas nossas grandezas e nas nossas fraquezas, no que nos une e no que nos separa.

Como sabemos, a memória é arma dos resistentes. Os muitos rostos que ali vislumbrei, grande parte deles transportando um passado de histórias privadas e coletivas verdadeiramente marcantes, redesenhavam, no silêncio cúmplice que os unia, os caminhos do futuro. No íntimo de cada um, talvez perpassasse a ideia de que as figuras de eleição, os heróis, se quisermos não podem nem ser fabricados nem ser produtos do acaso. Eles devem nascer e fazer-se. Duramente, longamente e sempre de forma digna e com a aprovação coletiva.

Marcada por uma voz sonora e pausada, e por uma notável lucidez, em claro contraste com a sua manifesta debilidade física, a fala do homenageado, no final, simples e despretensiosa, remete-nos para o segundo grande significado de que se fez impregnar esta cerimônia. Questionando, logo à partida, a legitimidade de se homenagear alguém usando o seu aniversário natalício, Domingos Arouca dava o mote para aquela que seria uma curta, mas instigante intervenção.

Dirigiu o seu discurso, em primeiro lugar, aos jovens, num apelo eloquente, para que não se deixassem levar pela avidez e pela cupidez, perversamente estimuladas pelos cada vez mais ostensivos sinais exteriores de riqueza de que é tão fértil o nosso universo. O recém-chegado à respeitável casa dos oitenta, lançava, de forma nostálgica, os olhos já cansados para um futuro que se lhe afigurava inquietante e incerto e que exigia, no seu entender, um resgate urgente daqueles que são os valores mais genuínos de uma sociedade como a nossa. Esta preocupação seria mais sentida quando apelou, quase que romanticamente, que, por exemplo, os ricos ajudassem efetivamente os mais desfavorecidos e os mais fortes amparassem os mais fracos.

Um dos aspectos mais singulares daquela cerimônia é que ela produziu mensagens e momentos que tinham como principais destinatários muitos daqueles que não estavam presentes e que deviam ter estado. Entre outros, refiro-me aos jovens, em particular. A maioria das pessoas que ali se faziam presentes, já há muito tinha passado da faixa dos cinquenta. Conhecidas figuras dos meios jurídico, cultural e jornalístico, bem como do mundo político, com forte enraizamento no partido no poder, prestavam, naquele lugar, uma tardia mas inequívoca homenagem ao velho nacionalista, ao ex-preso político, ao cidadão, ao antigo Presidente do Centro Associativo dos Negros de Moçambique, a um dos diretores do *Brado Africano*, ao ativista político, ao homem de leis, ao homem dedicado à família.

Talvez, com a sua presença e com o calor que emprestaram à festa, os presentes tenham feito um vigoroso aceno à História e ao país. Esperemos que seja devidamente entendido e que fique assim demonstrado que uma nação é feita de homens e de mulheres independentemente das suas inclinações políticas, das suas opções ideológicas, das suas crenças religiosas e das suas filiações partidárias. O que conta é que sejam sempre homens dignos do seu tempo e do seu país, abraçando os pergaminhos e os valores que permitem que o nosso mundo seja um mundo melhor e respeitável. Acredito que com todas as suas fraquezas e imperfeições, Domingos Arouca é seguramente um desses homens.

Apesar de vivermos uma era em que já não parece haver causas a defender, nem utopias a perseguir, a História, feita dos pequenos e múltiplos fragmentos que enchem de glória povos do mundo inteiro, pode fazer com que nos reinventemos num projeto de dignificação e de realização pessoal e coletiva.

Aquele foi um momento no tempo, a juntar-se a outros momentos que estruturam a história pessoal daquele homem que entrou definitivamente para a História. A nossa, neste caso, tão precisada que está de ser também povoada por figuras sufragadas, pelo simples exemplo de vida, pela aprovação popular, mesmo quando muitas vezes anônima. Aquele foi um momento em que o passado e o futuro se cruzaram ensaiando, creio, um pacto duradouro. Por isso, momento de memória e de esperança.

Para terminar este meu pequeno tributo a esta figura de vulto, regresso ao princípio, isto é, à canção da Whitney, na sua voz celebratória:

> Give me one moment in time (Dá-me um momento no tempo)
> When I'm racing with destiny (Quando eu desafio o destino)
> Then in that one moment of time (Então naquele momento do tempo)
> I will feel (Eu sentirei)
> I will feel eternity (Eu sentirei a eternidade)

A prostituição das palavras[22]

O século passado foi, de forma inequívoca, o século de todas as multiplicações, acelerações e dispersões. Desaguadouro das grandes revoluções e transformações intelectuais, políticas, sociais, económicas e culturais que atravessaram sobretudo os séculos XVIII e XIX, o século XX define-se como uma espécie de vertigem onde categorias como o tempo e o espaço, até aí consideradas universais e absolutas, deixaram de sê-lo.

Inúmeros fenómenos como o triunfo das tecnologias de comunicação e de informação, as duas Grandes Guerras, a progressiva emancipação dos povos do mundo inteiro, a produção e o consumismo desenfreados, a ida do homem à Lua, entre outros, inscreviam-se numa sucessão e numa dimensão até aí insuspeitas, provocando uma perplexidade generalizada e sem limites.

Em contraponto ao turbilhão tecnológico que ia ocorrendo, com consequências profundas no imaginário, na vida, nos comportamentos das pessoas e das diferentes sociedades, foram surgindo percepções que procuravam interpretar, quando não mesmo antecipar, as configurações e as tendências que o mundo ia experimentando.

É assim que algumas das vozes mais desassombradas do Ocidente, onde as transformações de vulto tinham efetivamente lugar, foram

---

22   Publicado no jornal *O País*, em 31 de julho de 2010.

debitando formulações desafiadoras e instigantes, muitas vezes céticas, acerca do que ia acontecendo e, sobretudo, sobre os destinos da própria humanidade.

Denis de Rougemont (1906-1985) foi uma dessas vozes. Pensador, escritor e ecologista suíço cuja vida e percurso intelectual atravessariam quase todo o século, chegaria à conclusão que o século XX se tinha transformado num pesadelo verbal, com pessoas falando mais do que nunca, com as palavras perdendo as suas conexões e conduzindo-nos para lugar nenhum.

Numa obra sugestivamente intitulada *A Parte do Diabo* (1944), ele concluiria que a linguagem tinha caído na insignificância devido ao fato de que quanto mais falamos, cada vez menos nos compreendemos uns aos outros, numa atordoante manifestação de inflação verbal e de *prostituição de linguagem*. Um dos remédios para combater tal mal seria, segundo o autor, a instituição em cada país de um *Ministério do Significado das Palavras*.

Se o século XX concorreu para tão amargo e tão cáustico entendimento, o que se assiste no presente, em que o novo século vai ainda no seu início, apenas serve para tornar mais inquietante o quadro desenhado por Rougemont. Para isso tem contribuído, entre outros fatores, a crescente e disseminada perda do valor e da aura da palavra.

A forma cada vez mais fragmentária e telegráfica como nos comunicamos através dos dispositivos eletrônicos que mudaram a nossa relação com os outros e com o mundo parece confirmá-lo. Assim como o desrespeito gritante pelas regras mínimas da língua por muitos que se dizem e ganham a vida como comunicadores profissionais, pelo matraquear interminável e enfadonho de palavras por quem deveria ser mais criativo e original, pelo quase total desconhecimento do sentido das palavras usadas na comunicação de todos os dias, pelos discursos repetitivos e manipuladores, pela banalização de vocábulos e expressões que deveríamos utilizar com propriedade e decoro, ou, então, pela confrangedora mutilação das palavras.

Se a tudo isso associarmos os aspectos quase sórdidos da nossa relação com o audiovisual e com a imagem, em geral, bem como com a racionalidade tecnológica muitas vezes assente numa mecânica e monocórdica rigidez terminológica, a paisagem das linguagens não poderia ser mais desalentadora.

Sintomaticamente, uma das mais mórbidas e paradoxais consequências da planetarização do mundo é que muito mais rápida e massivamente assimilamos e cultivamos os vícios dos outros do que as virtudes que os distinguem. Tal é o caso que, vezes sem conta, aquilo que lá fora já está reconhecido como sinal indesmentível de decadência, não hesitamos nós em adotar como modelo e como fator de promoção social, sem qualquer filtro crítico ou criativo. A degradação da linguagem, por significar a degradação da comunicação entre os homens, representa sobretudo a deterioração de um sentido de humanidade, enquanto essência e enquanto existência.

Sem termos que necessariamente recorrer à extravagante solução proposta pelo autor suíço acima referido, que é o da criação de uma instituição que regesse e controlasse o sentido das palavras, existem, pelo menos, duas fontes que asseguram, no meu entender, a vitalidade criativa e significativa da linguagem.

A primeira é a própria língua. Olhando, por exemplo, para as muitas línguas originárias e faladas neste país, mesmo reconhecendo nelas as marcas que traduzem já uma erosão e contaminação indisfarçáveis (evolução, dirão alguns), é possível verificar a riqueza lexical e expressiva que caracteriza as falas que cruzam diariamente os espaços por onde nos movemos. Quantas vezes não nos deixamos surpreender pela musicalidade, pelos jogos de palavras, pela amplitude de recursos retóricos (veja-se o caso dos provérbios) que traduzem, no seu todo, não só uma enorme inventividade, mas também uma profundidade filosófica que a tradição e as experiências acumuladas dão solidez? Numa entrevista dada ao malogrado Michel Laban (1998), Luís Bernardo Honwana afirma para nosso esclarecimento: "Ora na minha experiência, quando as coisas se passam em ronga, por exemplo, eu tenho ouvido, na vida corrente, coisas de uma profundidade, de um grau de elaboração fantástico".

Não há muito tempo, alguém me chamava a atenção para o fato de muitos cantores nacionais ganharem outra desenvoltura musical sempre que decidem cantar na sua língua materna, a maior parte das vezes, uma língua bantu. Por outro lado, se pensarmos nas inibições de alguns parlamentares que entram mudos e saem calados em praticamente toda a legislatura, não encontraremos a explicação, entre outras razões naturalmente, numa mal-disfarçada incapacidade em expressar-se na língua de comunicação dominante, o português?

A outra fonte é, irremissivelmente, o livro. Espaço onde a língua se vê ao espelho e se reinventa, é através dele onde, ao longo dos séculos, os homens se preservam ao mesmo tempo que alargam infinitamente os seus horizontes. Mas é, sobretudo, o lugar onde se veem convivendo com as múltiplas linguagens que povoam esse mesmo espaço, em que tem particular destaque a linguagem por excelência, isto é, a língua. Esta surge-nos aí em toda a sua plenitude formal e conceitual dotando-nos de ferramentas essenciais para nos edificarmos e nos comunicarmos eficaz e criativamente com o mundo.

Tenho as minhas reservas que, só por si, a língua e o livro, impresso ou digital, se imponham como soluções para contornar a degradação das palavras que é, no essencial, a prostituição da nossa condição. Acredito que no modo como nos relacionarmos com ambos, enquanto fundamento da nossa existência, e no modo como concebemos essa mesma existência, encontraremos os caminhos para, perpetuando a nossa humanidade, renascermos todos os dias.

Elogio da simplicidade[23]

Numa sala de espera de uma instituição pública, acompanhei, sem para isso ter sido convidado, uma conversa que se desenrolava bem no banco a meu lado, entre duas respeitáveis senhoras, já entradas nos anos, que se queixavam dos novos tempos. E entre os muitos lamentos que foram desfiando, houve um que me chamou particularmente a atenção. Foi quando uma delas, em tom de desconsolada fatalidade e com o olhar perdido no tempo, desabafou: "O problema é que perdemos todas as coisas *simples* que davam sentido à nossa vida. Era tudo tão *simples*, no nosso tempo, as pessoas e as coisas que fazíamos. Onde isto irá parar, meu Deus?"

Engoli, em seco, e pus-me a pensar em tudo aquilo, tomado pela última fala. E aí, questionei-me: a simplicidade existe? Se existe e olhando para aquilo que são a natureza, postura e comportamento humanos quando é que dizemos que estamos perante uma pessoa simples? A simplicidade, olhando para os tempos convulsivos que vivemos, será virtude ou defeito? As pessoas escolhem ser simples ou nascem simples? Afinal, o que significa ser simples? Que fique desde já claro: em nenhum momento me ocorre confundir simplicidade com simplismo. Como quase todos os "ismos" este é negativamente marcado significando, na maior parte das vezes, ligeireza, facilitismo e, em certa medida, irresponsabilidade.

---

23   Publicado no jornal *O País*, em 23 de agosto de 2010.

No já distante ano de 1977, quando frequentava a 8ª classe, na Josina Machel, tive um professor de Inglês, o inigualável Mário Sereno, que tinha por hábito elogiar as nossas melhores prestações em aula, orais ou escritas, com a lapidar expressão, "simples, mas com gosto". Expressão que se, por um lado, consagrava a simplicidade, por outro, e devido a adversativa "mas", revelava que essa mesma simplicidade era sensaborona e padecia de alguma insuficiência, exatamente o tal sentido do gosto que fazia, afinal, toda a diferença. Aliás, é muito comum, um pouco na mesma ordem de pensamento, vermos a simplicidade ser associada a pessoas e realizações consideradas básicas e pouco elaboradas.

Uma outra tendência em relação à simplicidade prende-se com a ligação que é feita com a ideia de verdade. Ser simples é ser verdadeiro, diz-se. Ou vice-versa. E aí entraríamos para um território muito mais resvaladiço. Um dos preceitos mais consagrados nas cartilhas educativas e éticas, muitas vezes com ressonâncias religiosas de permeio, ensina-nos que devemos ser sempre, e quase que de forma redundante, *simples e verdadeiros*. Algo que a nossa cética e pragmática contemporaneidade deve encarar como um anacronismo e um despropósito.

Afinal, o que significa ser verdadeiro? Negação do artificialismo, apologia da naturalidade? Aí, a simplicidade surgindo-nos em claro contraponto à hipocrisia e à dissimulação. Não são estes, para todos os efeitos, valores civilizacionais que asseguram a nossa sobrevivência social? Como sobreviver sem a(s) máscara(s) que nos protegem dos outros ou que nos permitem, já que os tempos são ferozmente tão competitivos, superar, dominar, manipular os outros? Afinal, desde que a humanidade existe, foi sempre assim, repetem os descrentes, contrariando a conversa das distintas senhoras que despoletou esta reflexão. A vida foi e é, segundo eles, os tais céticos, um combate sem tréguas. Aos simples sendo-lhes reservada, hoje mais do que nunca, a condição de incapazes ou mártires. Talvez, por isso, os santos nos surjam sempre envoltos pelo diáfano manto da simplicidade.

Um outro entendimento leva-nos a considerar que sempre que falamos em simplicidade, inevitavelmente pensamos no seu oposto: ser complicado. E aí o espaço da neutralidade torna-se quase insustentável. Complicado é, por princípio, a negação do que é simples. Numa sociedade onde a ligeireza impera, todos aqueles que a questionam, facilmente são rotulados de complicados, ou com o seu equivalente, nessas circunstâncias, que é de serem chamados de confusos.

E aí, mais do que o recurso a uma providencial etiqueta, trata-se de acantonar o indivíduo que, ao questionar, perturba a ordem instituída. Sobretudo quando se acredita que é mais fácil, mais recomendável não interrogar, não pôr em causa. Apenas calar ou fazer eco e perpetuar a ordem confortante e protetora do que prevalece. Afinal, se as coisas estão tão bem, nessa mediania, mesmo que precária, para quê então complicar? Quantas vezes, neste país, em particular, ao criticarmos ou pôr em causa uma transgressão, um erro crasso ou uma imoralidade, não nos arriscamos a ser tidos por prevaricadores ou por desestabilizadores? Infelizmente, cada vez mais, se confunde o que é comum como sendo normal.

Durante a Revolução Científica (1500-1700) que consagrou a conciliação entre a teoria e o saber experimental e que fez pontificar figuras como Copérnico, Galileu, Francis Bacon, Kepler, Newton e outros, um dos princípios mais acarinhados por alguns desses magos da ciência, que tinha como objeto a natureza, era exatamente a simplicidade. Isto é, a natureza tinha, segundo eles, uma unidade que ficava demonstrada na simplicidade das leis quando as concebemos corretamente. A natureza aparecia, assim, como um livro aberto, simples de decifrar desde que se dominasse os códigos.

Aqui, confrontamo-nos com uma dimensão da simplicidade conotada com a ideia de sabedoria. Ser sábio é ser simples e vice-versa. E esta é, sintomaticamente, a imagem de marca deixada por todos aqueles que ao longo da História, anônimos muitos, outros nem tanto, fazem da simplicidade a sua razão de ser e de estar. E a simplicidade reside, sobretudo, na forma como conseguem destrinçar o acessório do essencial, identificando e cultivando o fundamental no próprio homem, na vida e na natureza.

Exemplos como os de Ghandi, Madre Teresa de Calcutá, Mandela, Desmond Tutu, ou dos seguidores do budismo, ou dos homens e mulheres do mundo inteiro que vivem em harmonia com a natureza, acumulando lições que a estupidez humana vai desprezando, mostram-nos que a simplicidade não só tem a ver com sabedoria, mas também com a profundidade. E que o oposto da simplicidade não é a complexidade, mas a futilidade, a superficialidade, a falsidade, a soberba, a ignorância e a ambição sem limites. Sábias são, pois, as palavras do escritor irlandês, Oscar Wilde, quando diz: "adoro as coisas simples / elas são o último refúgio / de um espírito complexo".

Apesar de esta não ser a percepção incisiva e niilista de alguém como o poeta francês Paul Valéry que refere que *o que é simples é falso e o que não é não serve para nada*, seriam inúmeros os exemplos de que aprendemos, de forma duradoura, muito mais com as pessoas simples do que com aquelas que não o são.

E para não cairmos na impotente perplexidade da adorável senhora que se questiona "onde isto irá parar, meu Deus?", talvez tenhamos que assumir como desafio essencial da nossa sobrevivência individual e coletiva, hoje mais do que nunca, a perseguição da simplicidade como realização da nossa plenitude existencial. Ser sábio e ser simples são, confesso, as maiores aspirações que persigo na vida. Ainda com pouco sucesso, admito. Sentir-me-ia realizado se conseguisse materializar uma delas. E como dificilmente uma não existe sem a outra, acredito que, em algum momento, atingiria a referida plenitude. Afinal, como o poeta Henry Longfellow bem prega, em caráter, em comportamento e em todas as coisas, a suprema excelência está na simplicidade.

O guarda-costas[24]

Ao Luís Almeida, *in memoriam*

Este é, para mim, um título improvável. É verdade que sempre me intrigou o fato de existirem homens, ou mulheres – veja-se o instrutivo exemplo do líder líbio –, cuja profissão é expor a sua própria vida para assegurar que outros vivam e durmam descansados. Por isso mesmo e quase sempre, porque essa é a condição, a de estarem fatalmente destinados a se anularem perante aqueles a quem protegem.

Tanto o fato me tem intrigado que me interrogo, muitas vezes, se haverá outra motivação por detrás destes seres desse estranho ofício, além da prosaica preocupação de garantirem a sua própria subsistência. Confesso que quando vi o filme *The Bodyguard* (1992), de Mick Jackson, que estrelava a, até aí, não infortunada cantora Whitney Houston e um circunspecto Kevin Costner, senti que uma certa aura de mistério e de providencialismo poderia envolver esses indivíduos, cuja finalidade na vida parece ser unicamente garantir a vida e a segurança alheias. Mais do que uma simples profissão, o que eles fazem mais se assemelha a um sacerdócio.

Bom, mas a que propósito me meti a divagar sobre uma matéria em relação a qual, tenho que admitir, pouco ou quase nada sei senão o que vou ocasionalmente vendo e lendo? Simplesmente, porque tive

---

24   Publicado no jornal *O País*, em 10 de setembro de 2010.

a felicidade de, cerca de quarenta anos depois, ter revisitado, há bem poucos dias, a Ilha de Moçambique. Neste caso, graças ao patrocínio da Universidade do Lúrio. Na verdade, a última vez que lá tinha estado fora no já remoto ano de 1971. Por alguma razão indescortinável, fui sempre protelando o regresso.

E foi ao visitar o Museu da Ilha, acompanhando atentamente as competentes explicações do guia, de nome Litos, que tomei conhecimento de uma história que tinha como protagonistas o primeiro presidente de Moçambique, Samora Machel, e o seu guarda-costas. Como acontece com quase todos os guarda-costas, o nome deste permaneceu na obscuridade. Mas o episódio que o envolve faz esquecer o anonimato que o cerca.

Quando visitávamos os aposentos reservados aos governadores coloniais, depois de termos passado por vários compartimentos suntuosos, ricamente mobilados e extraordinariamente conservados, detive-me a observar, de forma inquisitiva, uma cadeira larga, entrançada que, apesar de ter sido consertada, denunciava o golpe que sofrera. Contou-me, pois, o jovem guia que, durante a sua épica viagem do Rovuma ao Maputo, em 1975, Samora ali pernoitara, tendo se deitado no leito anteriormente reservado ao monarca português.

Aconteceu que, no dia seguinte, o seu guarda-costas – imagino-o completamente cabisbaixo e apreensivo –, se apresentou para lhe comunicar que tinha partido a poltrona que se encontrava num dos corredores do majestoso edifício. De imediato, Samora, bem ao jeito que o tornaria célebre, mandou encerrar aquele que era conhecido como o Palácio dos Governadores ou Palácio dos Capitães-Generais, antigo convento jesuíta, e determinou que passasse a ser um museu, hoje Museu da Ilha de Moçambique! Salvava-se, assim, graças ao infortúnio de um guarda-costas presidencial e, sobretudo, graças a uma rara sensibilidade, visão e um sentido de Estado singular, um registro fundamental da história e da cultura deste país.

Encontrava-me, pois, bem no meio deste artigo, e já de regresso a Maputo, quando se deram os acontecimentos que recentemente paralisaram a cidade e, já agora, o meu texto. Nas leituras que imediatamente se fizeram, a tendência, indiscutivelmente legítima, da maioria das pessoas foi de relacionar esses mesmos acontecimentos com o 5 de Fevereiro de 2008.

Apesar de as motivações serem outras, o contexto diferente, o que me veio à memória, foi exatamente o 7 de Setembro de 1974. Talvez porque vivia, então, num dos subúrbios da cidade, pude viver e testemunhar algo que me marcaria para o resto da vida e que me ajudaria a perceber quão complexa é a natureza humana e o sentido real da psicologia das multidões.

Se é verdade que muita coisa nos separa do que aconteceu nessa altura e do que as pessoas perseguiam, o povo é o mesmo. E é esse povo que invocam os versos do arrebatador poema "Saborosas Tanjarinas d'Inhambane", de José Craveirinha:

> E nos nossos tímpanos os circunjacentes murmúrios?
> Não é boa ideologia detectar na génese os indesmentíveis boatos?
> Uma população que não fala não é um risco?
> Aonde se oculta o diapasão da sua voz?
> [...]
> Quem é o mais super na meteorologia das infaustas notícias?
> Quem escuta o sinal dos ventos antes da ventania e avisa?

Confundir o silêncio das pessoas, os seus murmúrios ou o seu pacifismo com ignorância e conformismo pode desencadear processos de consequências catastróficas. Cada povo tem a sua idiossincrasia. E este tem-no naturalmente. Não reage, acumula: dores, frustrações, humilhações, desconsiderações. Pacientemente, mas não resignadamente. Descobrir *onde se esconde o diapasão da sua voz*, como canta o poeta, é, sem sombra de dúvidas, o desafio que esse mesmo povo coloca a quem o quer realmente perceber, a quem o quer efetivamente governar.

Muito já se disse sobre o que aconteceu. E muito se dirá ainda, não tenho dúvidas. Os balanços apresentam cifras preocupantes. Nas equações entre causas e efeitos, os indicadores acusadores cruzam-se nos ares no inflamado julgamento de quem é, ou não é, culpado. Nunca como agora, na recente história do país, e tendo obviamente como referência a cidade de Maputo, o pacto entre governados e governantes foi tão posto à prova. Sinais dos tempos. Nada será como dantes, quer-me parecer. E contrariamente ao que se disse, apesar de popular, não foi uma revolta sem rosto. Além do mais, os rostos tinham, afinal, voz, tinham sangue, tinham nome e tinham alma.

Quando observava a indignação e a fúria dos que protestavam para as câmaras das televisões, desafiando quem os quisesse ver e ouvir, vieram-me também à memória, num poema justamente intitulado "Sobre a violência", os penetrantes versos do dramaturgo e poeta alemão, Bertolt Brecht: "Do rio que tudo arrasta, diz-se que é violento. / Mas ninguém chama violentas às margens que o comprimem."

E para nossa infelicidade coletiva, teimamos em não aprender da nossa e da história dos outros: a violência gera quase sempre violência. E a violência física, visível e reativa, raiando a barbárie, não é nem necessariamente a pior, nem a que unicamente deve ser condenada. O poema de Brecht é, nesse capítulo, esclarecedor.

No rescaldo de toda esta história, que julgo ser o início de algo que, forçosamente, quem de direito deveria saber ler e interpretar de forma mais sábia, tenho a convicção, mesmo que eivada de algum romantismo, que Samora e o seu guarda-costas teriam feito a diferença. Aquele, armado da sua sensibilidade e clarividência, com todos os defeitos que naturalmente tinha, daí os erros que cometeu e que o faziam humano, demasiado humano, como diria Nietzsche. E o outro mergulhado na humildade que ajudou a salvar a história de um lugar. Contrariamente ao que aconteceu com ele, hoje, a cadeira também se partiu, mas ninguém quer assumir.

E foi tudo isso que, parece-me, faltou decisivamente neste Setembro sangrento: sensibilidade, clarividência e humildade. Muitas civilizações cresceram e ganharam notoriedade e reconhecimento também à luz destes princípios e valores.

P.S.: Já tinha terminado este artigo, quando tomei conhecimento que o governo recuou nas decisões que geraram a revolta popular. Samora e o seu guarda-costas, onde quer que estejam, sorriram certamente.

A banda[25]

Era um sábado, bem no início de uma tarde azul de Maio, banhada de sol. Enchíamos a rua com o entusiasmo adolescente que nos fazia correr alegremente atrás da bola de borracha. Transpirados pela emoção com que participávamos do jogo e celebrávamos a vida, apercebemo-nos, quase que em simultâneo, de um movimento inabitual bem no início da rua suburbana onde brincávamos.

E, enquanto nos quedávamos momentaneamente quietos e silenciosos, o tal movimento, em contraste, ia crescendo e inundando a rua numa procissão ruidosa. Tratava-se de um casamento!

Os noivos vinham, à frente, caminhando sobre o chão empoeirado, lenta e solenemente. Sabíamos, havia dias, que se preparava um casamento na vizinhança. Não era assunto que nos preocupasse. A malta não era propriamente virada para festas de casamento. Porém, naquele momento, um estranho magnetismo se apoderou de todos nós e, deslumbrados, descobrimos que, a fechar a comitiva nupcial, vinha uma banda! Julgo, se a memória não me atraiçoa, que era uma banda do exército, um dos achados mais gratificantes da revolução que ainda fazia fortuna por aqueles tempos.

Despertados do torpor que momentaneamente nos paralisara, corremos e fomos juntar-nos à comitiva, dançando animadamente atrás da

---

25   Publicado no jornal *O País*, em 1 de outubro de 2010.

banda que entretanto se ia agigantando, deliciando-nos com as canções populares que executava sob a batuta de um maestro compenetradíssimo e competentíssimo enquanto as pessoas se iam aproximando, saindo das suas casas, também elas contagiadas pelo som e pelo movimento. E a multidão era já um rio caudaloso que transbordava de cor e alegria.

E, sem termos sido em nenhum momento convidados, lá nos esgueiramos para dentro do quintal onde a festa, já com os noivos, se iniciava e se prolongaria pela noite adentro. Quando, bem mais tarde, regressamos às nossas casas, cansados e felizes, mais do que os sumos e os bolos com que generosamente tínhamos sido presenteados, o que permaneceu dentro de nós, pela noite fora e nos dias e semanas que se seguiram, foi, por um lado, o som eletrizante e harmonioso dos instrumentos que fizeram a festa dos nossos sentidos e, por outro, a magia encantatória e inigualável do maestro.

Bom, a que se deve este assomo nostálgico? Como sabemos, a nostalgia nunca obedece a calendários. Ela vem e pronto. Mas, desta vez, ela teve uma causa. Há dias atrás, na placidez de um fim de tarde, raríssima nesta cidade cada vez mais atravancada, enquanto regressava à casa, o rádio do carro espalhava uma canção já antiga, "A banda", imortalizada pela voz sempre desconcertante de Chico Buarque.

Mais do que a melodia, era a letra que me ia prendendo à música, ecoando dentro de mim versos que acabaram por entristecer ainda mais o meu final de tarde:

> Estava à toa na vida
> O meu amor me chamou
> Pra ver a banda passar
> Cantando coisas de amor
>
> A minha gente sofrida
> Despediu-se da dor
> Pra ver a banda passar
> Cantando coisas de amor
> [...]
> A moça triste que vivia calada sorriu
> A rosa triste que vivia fechada se abriu
> E a meninada toda se assanhou

Pra ver a banda passar
Cantando coisas de amor

O velho fraco se esqueceu do cansaço e pensou
Que ainda era moço pra sair no terraço e dançou
A moça feia debruçou na janela
Pensando que a banda tocava pra ela...

Afinal, perguntei-me intimamente, por onde andam as bandas que, em épocas não muito distantes, enchiam de alegria e de ilusões as nossas ruas, as praças, os estádios, os eventos públicos?

Uma ocupação edificante para a alma de um povo é o de poder desfrutar dos produtos culturais que ele próprio gera. Este, por exemplo, é um povo que não só já foi mais alegre como sabia cultivar a alegria de viver, nas pequenas coisas de que é feita a vida de qualquer povo.

E o que é mais inquietante é que a cultura feita pelas pessoas simples e anônimas, não aquela pedante e artificial com que os meios audiovisuais nos intoxicam todos os dias, vai perdendo cada vez mais visibilidade. Como são verdadeiramente preenchidos os tempos livres da "meninada" e da juventude deste país? Não é preciso muito esforço para nos apercebermos que, para uma maioria assinalável, esses tempos são ocupados da pior maneira possível.

Tenho observado, quando viajo por outros países, como muitas cidades, pequenas e grandes, do interior ou do litoral, estabelecem uma relação visceral com a cultura, seja ela popular ou erudita, fazendo das suas múltiplas e variadas realizações, a grande bandeira do seu compromisso com as maiores tradições da humanidade. E aí a cultura vive na rua, sendo uma presença reconfortante ao alcance de todos e que envolve e mobiliza as pessoas, preservando o que elas têm de mais digno e de mais profundo. Por outro lado, cada geração vai se encarregando de passar à outra o patrimônio entretanto herdado, numa nobre e revitalizadora passagem de testemunho.

E a música, em particular, cumpre aí uma função de valor inestimável. Bandas de músicos, jovens e adultos, cruzando ruas e avenidas, fazendo de cada dia uma exaltação da própria vida, coretos de jardins cuidados com gente que se aglomera para passar momentos de lazer e de edificação interior, salas de concertos em atividade quase permanente, escolas de música e conservatórios que esculpem novos e reais talentos, enfim...

Um país que, durante muitos anos, foi um dos epicentros mundiais de violência urbana é a Colômbia. Bogotá, a capital, e Medellin eram cidades sitiadas pelo crime sangrento e pelo tráfico de droga. Num país onde, em 1993, a taxa de homicídios era de 80 por 100 mil habitantes, em 2005, o índice já era de 18 por cem mil habitantes. Estamos a falar de um país com cerca de 45 milhões de habitantes. Projetos integrados envolvendo reformas significativas na polícia, participação municipal, intervenção de sociólogos, antropólogos, psicólogos, politólogos, comunicadores sociais, políticas sociais, projetos urbanísticos, aconselhamento familiar, educação pública, ações de prevenção, programas de desarmamento foram, em conjunto, ganhando forma e eficácia.

Mas seria o investimento na cultura que faria a diferença. Entre outras ações, além da criação de redes públicas de bibliotecas, transformaram-se lugares, onde os índices de pobreza casavam com índices agudos de violência, em parques onde se promoviam espetáculos musicais, festivais de teatro e de dança. Em consequência, não só cresceu o amor-próprio das pessoas, como também a crença num sentido de cidadania alicerçado em valores e práticas que faziam do seu mundo um lugar melhor.

Olhando para o caso da Colômbia como um caso de sucesso e um exemplo a seguir, o Brasil está, hoje, profundamente empenhado em reduzir a violência, a desestruturação social urbana e em devolver a dignidade às populações mais carenciadas através de programas reais de inclusão social. E, entre as muitas ações que vão sendo desenvolvidas e onde os municípios têm um papel determinante, programas aliando educação, trabalho e música mudam definitivamente a vida de muitos jovens. É assim que, em plena favela, surgem escolas de música, jovens aprendem música erudita, formam-se bandas musicais, nascem maestros de eleição, estabelecem-se redes culturais e, sobretudo, em cada alma nasce e se reacende a utopia da própria vida. Mesmo que a luz, para muitos, seja ainda muito trêmula.

O progresso também se faz com cultura. Melhor, sobretudo com cultura. Convenhamos, é o lugar que ocupa e a atenção que a cultura merece nos programas de governação das nações, que nos são revelados a seriedade e o real compromisso para um desenvolvimento consistente, consequente e efetivo. Mas enquanto isso, cantemos com o Chico:

> A marcha alegre se espalhou na avenida e insistiu
> A lua cheia que vivia escondida surgiu
> Minha cidade toda se enfeitou
> Pra ver a banda passar cantando coisas de amor...

Uma janela para a utopia[26]

A escrita só faz sentido com a leitura. Explico-me: só se pode escrever quando se lê e quando se é lido. A leitura tem assim um efeito multiplicador, dialético e estruturante. Não posso, por exemplo, deixar de registrar a estimulante recepção do texto anterior a este[27]. Sobretudo na coincidência das leituras que foram feitas em relação a um aspecto que apenas esteve implícito: refiro-me a *esperança*. Exatamente a dimensão com a qual, cada vez mais, devido às fustigações do quotidiano e ao caráter cíclico dos nossos infortúnios, lidamos pior.

Esperar o quê e para quê? Perguntarão os mais céticos. Por dias melhores e para tentar ser feliz. Responderão os otimistas. E aqui aflora aquela que é seguramente a expressão suprema da esperança, seguramente um dos parentes pobres da sociedade contemporânea. Refiro-me à utopia.

Com alguma frequência e com alguma pertinência, a utopia é definida por alguns simplesmente como sonho. Sem ser descabida por completo, esta associação pode pecar por redutora tendo em conta a amplitude de significados, o alcance e a historicidade que caracterizam o termo "utopia". Trata-se, pois, de uma palavra com um curso longo que, provindo etimologicamente do grego, transporta o sentido original de *lugar*

---

26   Publicado no jornal *O País*, em 23 de outubro de 2010.
27   Refiro-me aos comentários dos leitores de *O País*, em relação ao texto "A banda".

nenhum. Paradoxalmente, um lugar que se institui como aspiração, como lugar de superação e de realização.

O que é mais assustador não é o fato de vivermos hoje sem utopias, ou com escassez de utopias. O que é verdadeiramente inquietante é a sensação, quase palpável, de que se perdeu a capacidade de gerar utopias. Mais grave ainda, de nem sequer nos questionarmos sobre a sua utilidade.

Entretanto, alguém como Ernst Bloch, conhecido filósofo alemão e um dos grandes paladinos da utopia e da esperança, defende que a dimensão utópica está presente em todos os lados e que não existe uma só cultura conhecida que ignore a sua presença visto que se converteu numa *dimensão antropológica essencial*. Ainda, segundo ele, uma sociedade sem utopia é tão impossível como a um ser humano não sonhar.

Apesar desta inabalável e legítima convicção, o que não pode ser contornado é a aridez das construções utópicas, no nosso tempo. O que na verdade prevalece é um inquietante sentido antiutópico na forma como gerimos a nossa existência e o que está para vir.

Um rápido olhar diacrônico leva-nos a algumas das grandes utopias geradas pela humanidade ao longo da História. Desde as utopias religiosas, sobretudo as de matriz judaico-cristã, ou a de uma governação perfeita em *A República de Platão*, ou, ainda, a de uma sociedade também ela perfeita em a *Utopia* de Thomas More, ou, então, nas formulações socialistas e da ideia de Progresso no século XIX, até às utopias libertárias, sobretudo das nações africanas, no século XX.

Não obstante algumas dessas utopias se terem realizado e dadas, também, as suas manifestações perversas e mesmo abomináveis, justamente quando se transformaram naquilo que elas procuram recusar e superar, isto é, uma realidade insuportável, elas acabaram por estar na origem de novas utopias. Todas elas traduzindo, no essencial, uma confiança profunda na possibilidade de o homem poder olhar para o futuro, para o indiscernível, com a mesma convicção com que acredita que o sol nasce todos os dias. Afinal, a utopia é, ao mesmo tempo, um *lugar que não é*, mas também *o lugar da felicidade*.

Michel Foucault dirá sobre as utopias que elas consolam, porque, se não dispõem de um tempo real, disseminam-se, no entanto, num espaço maravilhoso e liso: abrem cidades de vastas avenidas, jardins bem cultivados, países estáveis e acolhedores; mesmo que o acesso a eles seja ilusório. Situando-se na própria linha da linguagem, elas, as utopias, permitem os discursos, as fábulas e as projeções iluminadas de um mundo por vir, tal como podemos atestar neste inesquecível poema de Noémia de Sousa, "Poema da Infância Distante":

Por isso eu CREIO que um dia
o sol voltará a brilhar, calmo, sobre o Índico.
Gaivotas pairarão, brancas, doidas de azul
e os pescadores voltarão cantando,
navegando sobre a tarde ténue.

E este veneno de lua que a dor me injectou nas veias
em noite de tambor e batuque
deixará para sempre de me inquietar.

Um dia,
o sol iluminará a vida.
E será como uma nova infância raiando para todos...

Efabulação do futuro, a utopia é assim um mecanismo compensatório para negar o cinzentismo, o tédio, as incertezas, a desesperança, o sofrimento, as angústias e a dureza insustentável do dia a dia. Alternativa confortante, sem ter que ser necessariamente alienante. Trata-se, afinal, de arquitetar uma realidade desconhecida a partir do que existe e é conhecido, fazendo o ser humano exercer aquela que é uma das suas maiores faculdades, senão a maior, a imaginação.

Tendo em conta a fragmentação, efemeridade e instabilidade do nosso mundo, raiando, vezes sem conta, o caos e o vazio como que a desafiar os limites da sua própria sobrevivência, nunca, como agora, as utopias foram tão necessárias. Enquanto reinvenção e revalidação da ideia de bem, do interesse público, da harmonia social, a utopia é sempre uma alternativa valiosa que os homens oferecem aos seus semelhantes e ao mundo em que vivem.

É por isso que tendo em vista a complexidade da existência humana e do meio que nos cerca e do qual fazemos parte, as utopias podem ter motivações e configurações diversas: socioeconômicas, religiosas, políticas, ecológicas, tecnológicas, literárias, etc.

E as utopias, enquanto bem partilhado, apelam a um profundo sentido de compromisso geracional. Isto é, pensarmos individual e coletivamente que o lugar onde vivemos, que o mundo em que nos movemos pertence, por um lado, aos que nos antecederam e que no-lo legaram, e por outro, aos que virão depois. Neste caso, a nossa obrigação é entregarmos um mundo melhor do que aquele que recebemos.

O que significa que a utopia vai-se tecendo, afinal, nas pequenas coisas que fazemos, nos imperceptíveis gestos que fazemos e nas palavras despretensiosas que dizemos, mas sempre com o olhar no futuro, ou melhor, no *além* da realidade em que nos encontramos mergulhados.

No essencial, a utopia passa necessariamente pela descoberta do continente que jaz adormecido ou subvertido no interior de cada um. E é, neste particular, onde se joga o grande desafio de realização futura: na busca de uma humanidade perdida, ou quase, em que sobre-eleva o direito à individualidade, à afirmação da subjetividade, ou como diria Alain Touraine, no apelo ao Sujeito e à identidade pessoal. Isto é, de forma livre, inteligente, responsável e criativa negar toda e qualquer forma de homogeneização ou de hegemonização.

Elogio da memória[28]

Numa ocasião em que colocaram a José Craveirinha a sacramental, às vezes impertinente questão: porque escreve?, ele respondeu que escrevia *para não esquecer*. Isso depois de um longo e meditabundo silêncio e do olhar fixo no tempo.

Tendo em conta que a nossa relação com a memória, seja ela individual, seja ela coletiva, é cada vez mais problemática, quando não precária, a resposta dada por este poeta de eleição adquire, cada vez mais, contornos quase providenciais. Na verdade, nesta nossa acelerada e vertiginosa contemporaneidade marcada, entre outras coisas, pela obsessiva procura de afirmação pessoal, profissional, social e da perseguição irracional do novo, o que mais prepondera é um preocupante vazio de memória e de referências.

Esquecemo-nos assim de onde viemos, quais foram os momentos e os lugares mais marcantes das nossas vidas, que circunstância ou quem foi que concorreu para sermos o que somos, seja no melhor ou no pior sentido, como se em vez de um passado que necessariamente nos moldou existisse um completo abismo por detrás de nós. Isto é, como se tudo começasse no momento e no lugar onde nos encontramos.

Numa recente conversa com o escritor angolano, Luandino Vieira,

---

28   Publicado no jornal *O País*, em 25 de novembro de 2010.

estivemos de acordo quando analisando a situação dos nossos países, observei que mais do que o estafado refrão da falta de valores, o que me parecia essencialmente preocupante era a falta de referências. E as referências, que quase sempre vêm do passado e com impacto no presente, têm a ver com pessoas, com fatos concretos que elas protagonizaram, com histórias que elas construíram ou ajudaram a construir, com momentos vividos e partilhados e, obviamente, com valores que eles representam. E aí apontei o próprio caso dele, quando por motivos íntimos e pessoais, como ele os apelidou, independentemente de se concordar ou não com a posição que tomou, ele recusou o prêmio Camões que lhe foi atribuído em 2006, no valor de cerca de cem mil euros.

Nobreza, dignidade, respeito, responsabilidade, coerência, moralidade, integridade, honestidade, tradição são alguns dos valores que constituem patrimônio indiscutível da humanidade e que nos obrigam, individual e coletivamente, a mantermos um diálogo fundamental com o passado, através da memória. Obviamente que quanto mais franco e desapaixonado for esse diálogo, maiores são as lições que daí tiraremos para melhor nos posicionarmos em relação ao momento que vivemos e ao que se seguirá.

A memória é pois a tela interior, uma dimensão textual se quisermos, por onde perpassam e se projetam acontecimentos, muitos dos quais podem ser causadores de enorme incomodidade e padecimento quando evocados. Para Nietzche, por exemplo, o esquecimento pode ser uma vantagem por permitir-nos manter a ordem física e a tranquilidade. Ele vai mais longe quando afirma que nenhuma felicidade, nenhuma serenidade, nenhum gozo presente poderiam existir sem a capacidade de esquecer.

Foi para responder, entre outras, à pergunta "porque esquecemos", que nasceu uma das disciplinas mais sofisticadas e intelectualmente mais estimulantes do nosso tempo: refiro-me à psicanálise. Lançada como ciência, teoria, método e terapia, por Sigmund Freud, a psicanálise, que com o tempo foi criando seus naturais e respeitáveis detratores, procura, entre outros aspectos, encontrar uma resposta ao fato de os seres humanos, através de mecanismos mentais particularmente complexos, esquecerem determinados fatos da sua vida pessoal.

Fatos esse que, normalmente, estão associados a traumas e situações profundamente dolorosas. Como terapia, o que ela faz é ajudar as pessoas a lidar com esses fatos reduzindo-lhes a carga de sofrimento e de angústia.

Podemos, pois, verificar que mesmo existindo situações que legitimam o esquecimento, não há garantias de que isso propicie uma felicidade genuína e efetiva. É por isso que a memória é o maior laboratório para processarmos o que ficou para trás e que nos permite gerir com maior eficácia o presente e perspectivarmos com maior confiança o futuro. Aliás, ignorar o passado é, segundo o tribuno e pensador romano Cícero, permanecer sempre criança.

Não é pois, por acaso, que vemos perpetuarem-se e repetirem-se situações, tanto nas nossas vidas privadas e familiares, bem como nas sociedades e no mundo, em geral. Por exemplo, basta olharmos para os nossos países e verificarmos como, em muitos casos, não só nos substituímos, no modo e no conteúdo, àqueles que estiveram por detrás do aviltamento e desestruturação das nossas vidas, dos nossos pais e dos nossos antepassados, como também temos, cada vez mais, estado a permitir que os mesmos, afinal, sob as mais variadas roupagens e colorações, regressem, para que tudo fique, afinal, insuportavelmente igual.

E esta amnésia desenfreada e imoral vai fazendo do próprio esquecimento um valor que segue, assim, norteando os caminhos que deveriam concorrer para o nosso enriquecimento interior, para a nossa real emancipação e para nos dignificarmos perante o mundo e perante os que virão depois de nós. Através da memória, estes poderiam assim imortalizar-nos por tudo aquilo que de mais elevado e digno formos hoje capazes de realizar.

Contudo, penso que pior que a amnésia é a mistificação da memória. Isto é, a subversão deliberada de fatos com o ignóbil intuito de apresentarmos um passado impoluto, recheando-o de ingredientes que estão aquém e além da realidade factual. Trata-se como alguém disse, com acuidade, de "higienizar" o nosso próprio passado.

Tem pois para mim e, espero, para muitos, um significado ao mesmo tempo demasiado humano e transcendente a publicação de um livro como *Conversations with Myself* de Nelson Mandela. Aí, aquele que é uma das maiores reservas morais do nosso tempo, deixa-nos, uma vez mais, uma lição de como podemos e devemos lidar com o nosso passado, com a nossa memória. "Não façam de mim um santo", implora-nos ele, ensinando-nos que a grandeza humana vem da nossa capacidade e coragem de assumirmos o que fizemos, tanto de virtuoso como de condenável.

Por conseguinte, ao mesmo tempo que a memória serve para dar sentido àquilo que não tem ou perdeu sentido, ela cumpre, no essencial, uma função de ordenar, de reconstituir e de restituir o que se pode transformar numa perda irrecuperável. Se, ao longo da História, os povos têm sabido por atos e por criações diversas retardar e evitar essa perda, tenho uma convicção inabalável na ideia de que um monumento à memória se instituiria, hoje, não só como um dos maiores tributos que poderíamos dedicar ao nosso passado coletivo, mas também ao futuro.

Afinal, tudo o que fazemos, e se o fizermos, por exemplo, com a elevação moral com que Mandela assume o seu passado, nas pequenas e nas grandes coisas, jamais esqueceremos. De onde viemos e de que humanidade somos feitos.

Anatomia do prazer[29]

Numa ocasião, ao ser apresentado a alguém, ouvi a outra pessoa dizer, como é de praxe, "muito prazer" e ouvi-me a responder, como também é costume e de modo quase mecânico, "o prazer é todo meu", fato que levou a minha interlocutora a replicar, com animada ironia: "não fique com o prazer todo para si, por favor, faço questão que deixe também um pouco para mim".

Neste pequeno episódio que dá o mote a mais esta reflexão, reconhecem-se duas dimensões intrinsecamente ligadas ao prazer. Por um lado, uma propensão quase inconsciente para o egoísmo (*o prazer é todo meu*) e, por outro, em claro contraponto, impõe-se a necessidade de partilha (*deixe também um pouco para mim*). Mas, para além destas duas dimensões, o que sobressai, nesse curto mas instrutivo diálogo, é um sentido de prazer que vai muito além do aspecto físico.

Na verdade, quando se fala de prazer, o que de imediato ocorre a muitos bons espíritos, é o prazer sensorial, mais concretamente, o sexual. Acredito que quem me está acompanhar neste pequeno devaneio, já se deve ter confrontado, vezes sem conta, com o título que encima este texto, convidando-o a mergulhar, mesmo que virtualmente, em tórridas e excitantes lições de como melhorar as suas performances sexuais. Informo, desde já,

---

29   Publicado no jornal *O País*, em 6 de dezembro de 2010.

que não é este o caso, para quem criou alguma expectativa nessa direção. Simplesmente não por qualquer inibição moralista, mas por manifesta falta de autoridade do autor nessa matéria.

À partida, o tema apresenta uma contradição nos termos. Se o termo anatomia nos remete para a ideia de exame científico, objetivo, minucioso, ao falar em prazer somos imediatamente impelidos para o campo sempre precário, resvaladiço e indeterminado das sensações. Como, pois, conseguir harmonizar dimensões aparentemente tão incompatíveis?

Apesar de nos confrontarmos com uma pluralidade de tipos de prazer (sensorial, espiritual, intelectual, estético, etc.), o que, no essencial, os caracteriza é o fato de serem efêmeros e instáveis. Mas, sobretudo, o de resistirem às inumeráveis, mas justificadas tentativas de os encerrarmos em evocações, explicações, análises e teorias, umas mais ou menos elaboradas do que outras. Significa, portanto, que desde sempre, para o ser humano, o prazer não só significa uma experiência concreta, mas também uma inapelável necessidade de o exprimir e explicar.

É assim com um dos textos que compõem um livro sagrado como a Bíblia. Refiro-me ao "Cântico dos Cânticos", um notável hino à sensualidade. É assim com as doutrinas hedonistas da Grécia antiga que defendiam o prazer como bem supremo da humanidade. Ou com o epicurismo que, apesar de conceber o prazer como um bem primordial, entende que ele deve estar aliado à virtude, pois, segundo a referida doutrina, não é possível viver com prazer, sem ter em conta a prudência, a honestidade e a justiça. E, num tempo mais próximo do nosso, com a teoria psicanalítica que advoga que o princípio do prazer, enquanto busca da satisfação imediata, governa muito do comportamento humano, em oposição ao princípio da realidade.

A arte é seguramente um dos domínios onde o prazer como inspiração, tema ou efeito é uma presença recorrente e estruturante. O que nos remete para uma das manifestações de prazer mais sofisticadas e complexas. Na verdade, das múltiplas funções que a arte pode ter (social, política, moral, religiosa, etc.), a função estética é sempre a função dominante. E explicar o efeito que um objeto artístico exerce sobre o espírito tem sido um dos mais desafiadores apelos que se colocam a todos os que procuram refletir sobre a natureza da arte.

Assim, desde os que consideram que o prazer desencadeado pela arte pode ser fonte para a subversão de valores éticos (assim era, por exemplo, a posição de Platão, em relação à literatura que era vista por ele como uma ameaça à integridade da cidade), passando por todos aqueles que fazem desse mesmo prazer uma verdadeira religião, até aqueles que simplesmente o abominam ou ignoram, o que é incontornável é que o prazer estético é um dos principais responsáveis pela perenidade e universalidade da arte e do próprio homem.

E as esforçadas, mas quase sempre inconclusivas interpretações dos produtos artísticos mostram-nos que a essência e a durabilidade do prazer estético residem na impossibilidade da fixação de um discurso definitivo e normativo sobre ele.

O prazer estético, inevitavelmente indissociável do sentido sempre problemático do "belo" não é, porém, exclusivo da arte. Na contemplação dos múltiplos fenômenos que nos rodeiam, sejam eles naturais ou artificiais, o efeito que esses mesmos fenômenos podem produzir no espírito humano varia quanto mais variável for a sensibilidade de cada um de nós.

Se, para muitos, o mar é sobretudo um espaço de trabalho e fonte de sobrevivência, para outros, é um espaço de fruição, de contemplação, de inspiração. Se para alguns, a montanha é um obstáculo, para outros, ela propicia momentos únicos de recriação da sensibilidade e da imaginação. Por outro lado, se há quem veja no automóvel apenas um utilitário, haverá quem tenha os seus sentidos concentrados dominantemente no seu *design*, nas formas e que lhe despertam emoções que só alguém como ele pode entender, sem que seja necessária qualquer explicação.

Pode-se perceber, pelos exemplos que aqui expusemos, pela variedade quer dos sujeitos quer dos objetos do prazer estético, que este tem tanto de universal como de contingente. Isto é, se por um lado, não há lugar nem época onde o prazer estético não esteja presente, por outro, nem todos experimentam o mesmo prazer pelos mesmos objetos. Desta feita, querer impor, por exemplo, como muitas vezes acontece, um modelo estético há, nessa pretensão, tanto de grosseiro como de imoral. Fato que não tem nada a ver com a educação do prazer e do gosto que passa pelo estímulo da sensibilidade individual, pelo respeito da liberdade de escolha e pelos costumes de cada um.

Outro modo superior de prazer é o prazer intelectual. Tanto o prazer estético como o prazer intelectual enquanto expressões de uma dimensão suprema da existência humana, só se tornam plenas enquanto não estão ao serviço da infâmia. Expressão de elevação da condição humana, o prazer intelectual manifesta-se nas múltiplas formas em que nos deleitamos com o exercício de pensar, de interpelar e de questionar o mundo e o próprio pensamento.

Tal acontece quando escrevemos um texto, quando lemos um livro, quando refletimos sobre um tema, quando participamos de um debate em que nos preocupamos apenas com as ideias e com os argumentos que vamos usar, quando escutamos música erudita, quando dissertamos sobre uma obra ou sobre um determinado fenômeno, quando deciframos um provérbio ou um enigma, enfim, quando o pensamento é o próprio espetáculo.

Mas, também há casos, cada vez mais crescentes e cada vez mais chocantes dado o requinte e a frequência com que se sucedem, em que o prazer, que em princípio representa o oposto da dor, se associa ao sofrimento do outro ou do próprio. E aí penetramos no reino tumultuoso e pantanoso da perversão. Falo do sadismo, do masoquismo, da violação sexual, da pedofilia, em que o prazer aí é claramente desprazer para o outro.

Enfim, não sei se, quem for ler este texto, retirará dele algum prazer. Porém, tenho que confessar que, no meio das intermitências do dia a dia, tive um prazer particular ao escrevê-lo. Um prazer solitário, indiscernível e quase pecaminoso. Tal como o prazer dos que servem aos outros, sem deixar de sorrir. Ou do artista que, extenuado e em silêncio, se fixa com deleite na obra concluída. Ou, então, do inexprimível prazer da mãe que contempla o filho, segurando sôfrego o seio que o alimenta.

Sujeito ou consumidor: eis a questão[30]

Numa das obras de referência do dramaturgo e poeta inglês, William Shakespeare (1564?-1616), *Hamlet*, a determinado passo dessa notável tragédia, encontramos a personagem principal, precisamente Hamlet, a questionar-se, num dos seus longos e recorrentes monólogos: "Ser ou não ser, eis a questão. O que será mais nobre, suportar as pedradas e golpes da sorte cruel ou pegar em armas contra um mundo de dores e acabar com elas, resistindo?"

Se esta é uma questão fundamental e transversal na obra em causa e que, de certo modo, se institui como imagem de marca das crises existenciais do homem moderno, isto é, aceitar ou não o que se impõe como inevitável, como destino, não tenho dúvidas de que uma das grandes questões do nosso tempo, para quem pensa em termos de pós-modernidade, *modernidade líquida*, como lhe chama Zygmunt Bauman, tem a ver com a nossa atual e dilemática condição: somos sujeitos ou somos simplesmente consumidores?

Acredito que para muitos, esta é uma não-questão. Ou, porque para essas pessoas, uma e outra coisa significam basicamente a mesma coisa, ou porque não se conseguem imaginar existindo sem serem visceral e incondicionalmente consumidores.

---
30 Publicado no jornal *O País*, em 15 de janeiro de 2011.

Bom, sem querer ser assertivo, julgo que a diferença entre ser sujeito e ser consumidor é abismal. O sujeito escolhe, o consumidor é escolhido. Pelas modas, pelas marcas, pelos fabricantes, pelo marketing, pela publicidade, pelas imagens sedutoras. O sujeito raciocina, o consumidor deixa-se arrastar pela volúpia e emoção do consumo. O sujeito pondera, o consumidor é um alucinado. O sujeito age, o consumidor é agido. O sujeito questiona, o consumidor faz do consumo a sua fé, a sua religião. O sujeito cria, o consumidor consome a imitação e fica feliz. Enfim, enquanto o sujeito exige, o consumidor é cúmplice na promoção da irracionalidade consumista que o envolve e o subjuga.

Dezembro foi-se. E com ele a procissão de todas as insanidades, sendo a consumista a mais pródiga. Todos nós, de uma ou de outra forma, participamos aí de uma alucinação de onde colhemos possivelmente mais perdas do que ganhos. Mesmo para aqueles cuja contabilidade dos lucros se mostrou eventualmente favorável.

Um período que deveria ser de recolhimento, alegria, solidariedade, descontração, reencontro conosco próprios e com os outros, convívio e fruição no sentido mais nobre e gratificante, tem vindo, com os anos, a transformar-se, de forma assustadoramente crescente e quase irreversível, numa sequência de momentos de angústia indescritível, frustração, dor, decepção, animosidade e confrontação.

Numa reflexão marcante em relação a uma das maiores tendências da sociedade contemporânea, Jean Baudrillard, bem ao seu jeito irônico e pessimista, explica em *A Sociedade de Consumo* (1970), como nos transformamos numa espécie de autômatos, num mundo de simulacros e simulações, em que a fronteira entre a irrealidade e o real foi seriamente perturbada, de tal modo que já não se trata de consumir os objetos que compramos, mas o que eles representam e o estatuto a que esses mesmos objetos, acreditamos, nos podem guindar.

A proliferação, por exemplo, da indústria da contrafação, das imitações grosseiras e caudalosas, bem como da publicidade, enquanto vendedora de sonhos e de ilusões, são ambas inequívocas demonstrações do triunfo da sociedade de consumo que, como se pode perceber, é sobretudo de consumo de imagens. Isto é, o que está cada vez em causa é arte de produzir mais necessidades do que os próprios bens. A sequência interminável de verdadeiras catedrais de consumo, os incontornáveis *shopping centres*, mais não faz do que contribuir para o deslumbramento que anima os nossos desejos e costumes.

No essencial, vivemos hoje uma realidade que desafia o próprio sentido de realidade e, pior do que isso, o sentido de humanidade, o sentido da vida. E, nesta nossa quotidianidade cada vez mais precária, onde prevalece uma lógica ainda muito mais perversa, em comparação com o que acontece em muitas outras sociedades, acabamos por consumir sobretudo o que nem sequer produzimos e, numa dimensão ainda mais dramática, o que, quase sempre, está muito além das nossas reais capacidades.

"Sejam felizes, consumindo", é a palavra de ordem da sociedade de consumo que monta, para o efeito, todo um aparato que encontra nos meios de comunicação social, sobretudo os audiovisuais, o seu principal aliado, de tal modo que o consumo deixa de ser um meio para se tornar, definitivamente, um fim. Único e inegociável.

Daí as ondas de histeria generalizada protagonizadas por pessoas que acabam por não se diferenciar dos próprios produtos que perseguem e que os obtêm na crença de com eles irão viver momentos excepcionais. Afinal, a excepcionalidade continua a ser uma miragem que orienta mesmo os espíritos menos precavidos ou, se quisermos, mais ingênuos. Tal é o revelador caso de uma ilustre senhora que, numa boutique, pedia encarecidamente, bem nas vésperas do Natal, que lhe arranjassem um vestido exclusivo, mas que fosse bem baratinho.

E é aí onde reside o logro no qual mergulhamos, em toda a sua amplitude real e trágica. Afinal, o que vivemos e assistimos é apenas o agudizar do que nos acontece todos os dias e que não nos deixa perceber que 25 e 31 de Dezembro, respeitando-se toda a sacralidade e simbolismo que encerram, têm exatamente as mesmas horas e os mesmos minutos que os outros dias.

Que na corrida frenética para os apelativos bens (ou não deveriam ser males?) de consumo, não só desperdiçamos os poucos recursos que arduamente reunimos durante o ano, como também alimentamos, cegamente, a máquina infernal que, nessas alturas, se assanha, disparando preços, ocultando produtos ou com eles nos inundando, acirrando todas as formas de especulação, exorbitando qualidades inexistentes nos mesmos, despertando e disseminando ansiedades, alargando, enfim, a nossa indigência, cada vez mais estrutural. Ou, então, extremando angústias, por aspirações não satisfeitas e promessas não cumpridas.

E, depois, vem Janeiro. Fatídico enquanto cais das nossas irracionalidades festeiras. Exatamente com o mesmo número de dias do mês anterior, mas que se torna insuportavelmente longo, penoso e castigador. Segue-se, então, o balanço em relação a uma vertigem que se repete dramaticamente todos os anos. Os bens que entretanto se evaporaram e proporcionaram uma efêmera, desproporcionada e ilusória felicidade. (Ah!, mas para muitos, os meios, isto é, os excessos, justificam os fins!) As dívidas que, entretanto, se avolumaram desmesuradamente e que nos fazem olhar o futuro imediato com apreensão. E pior, pior mesmo, as vidas que irremediavelmente se perderam de seres que nunca mais veremos, na embriaguez que entretanto se viveu quer para transportar bens de um lugar para o outro quer para reunir pessoas distantes.

Numa obra também ela emblemática, *Igualdade e Diversidade* (1997), o também sociólogo francês, Alain Touraine, discute superiormente sobre qual o lugar e o papel da consciência individual, da inteligência e da sensibilidade humanas, enfim, do sujeito, num mundo cada vez mais dominado pelas tecnologias, pelos mercados e pelo consumo, isto é, num mundo onde a sociedade de consumo e a lei do mercado substituíram a sociedade dos direitos dos cidadãos.

Enfim, mais do que nunca, penso que se deveria colocar a cada um de nós, quase como prioridade existencial, se não mesmo identitária, tal como em Hamlet, primeiro individualmente e depois como coletivo, a questão: "to be or not to be?" No nosso caso, temos que optar entre ser sujeitos ou ser simples e irresponsavelmente consumidores. Combater a pobreza, como hoje tanto se fala, pode começar e passar inevitavelmente por aí.

Morrer por dentro[31]

Durante vários anos, enquanto professor da cadeira de Retórica, costumava desafiar os meus estudantes a escolherem um tema, entre os vários que lhes propunha, para prepararem uma argumentação escrita, tomando uma posição a favor ou contra, seguida sempre de uma defesa oral, diante da turma.

Eram quase sempre situações fictícias, mas que retratavam aspectos sempre problemáticos da realidade, com o intuito não só de os levar a realizar uma pesquisa aturada, para os que assim entendiam fazê-lo, mas também de colocá-los perante potenciais cenários que a vida profissional, e não só, lhes poderia proporcionar.

Corria o ano de 2005 e lembro-me, como se fosse hoje, do constrangimento inicial que se apoderou de uma jovem, por sinal de uma família respeitável do Norte do país, quando lhe coube como tema defender a legalização da prostituição em Moçambique.

Curiosamente, à medida que ela avançava na pesquisa a que, entretanto, se foi entregando de forma genuína e compenetrada, fui notando que o embaraço e pudores iniciais iam sendo substituídos por uma notória determinação que a levavam a mergulhar de forma simplesmente corajosa na investigação bibliográfica e de campo.

---

31 Publicado no jornal *O País*, em 5 de fevereiro de 2011.

Fiquei sabendo, mais tarde, quando a elogiava pelo excelente trabalho que, no final, apresentou, que ela tinha sido obrigada a calcorrear algumas artérias da cidade que ela até aí desconhecia, quase sempre durante à noite e às vezes pela madrugada fora, em ambientes absolutamente improváveis para uma jovem como ela, mas que lhe permitiram recolher dados impressionantes sobre o mundo da prostituição na capital do país.

Terminada a defesa, já fora da sala da aula, vi-a aproximar-se de mim para agradecer-me pela oportunidade que lhe tinha dado com o trabalho que realizara, pois permitira-lhe abalar o preconceito que até aí ela nutrira em relação a pessoas e a um meio sobre os quais, afinal, pouco ou nada sabia. Afinal, o preconceito é exatamente isso: um mecanismo de negação do outro, uma pressuposição a partir de fatos que julgamos conhecer ou que nos parecem óbvios.

Por outro lado, tinha sido uma experiência única, segundo as palavras dela, para perceber melhor o mundo em que vivia, ao falar com as prostitutas e ouvir as suas histórias e verificar quão trágica podia ser a condição humana. Pior, ainda, saber que muito boa gente, das nossas elites aparentemente refinadas, social e economicamente bem colocada, pregadora da moral e dos bons costumes, alimentava, na calada da noite, o inferno daquelas mulheres.

Assaltou-me esta memória quando, muito recentemente, lia uma reportagem na revista *Sábado* sobre um lar, num dos bairros mais perigosos da Cidade do México, onde vivem prostitutas com mais de 60 anos... *mas não necessariamente reformadas*. Encontramos aí depoimentos reveladores dos dramas interiores que essas mulheres transportam, da tristeza e do isolamento em que vivem, do feroz preconceito que as persegue, da exclusão familiar e social, da hipocrisia geral que as cerca, da degradação física e moral que delas se apoderou desde o primeiro dia que venderam o seu próprio corpo.

E julgo que uma delas, em poucas palavras, exprimiu a profundidade e os contornos nefastos do seu destino tal como o de outras mulheres (hoje e cada vez mais já se fala também em homens) por esse mundo fora: "É uma profissão que mata por dentro. Temos que suportar tudo".

Morrer por dentro é seguramente a pior das mortes. Simplesmente porque estamos suficientemente vivos para presenciarmos o gradual apodrecimento do nosso corpo e da nossa alma. Pior do que isso, assistimos à degradação do que nenhuma plástica, por mais milionária, nos pode devolver: a nossa dignidade.

Há, convenhamos, várias formas de prostituição. Com motivações várias, com formatos diversificados, com distintas roupagens. Há aquelas sutis, sofisticadas, dissimuladas, tão dissimuladas que, muitas vezes, quem protagoniza essa forma de prostituição nem sequer tem consciência, ou finge, de que o está fazendo. Trata-se de expedientes que servem para acobertar ambições desmedidas, caprichos, projetos de afirmação pessoal e social e que funcionam como principal alavanca e suporte de algumas trajetórias consideradas bem sucedidas e exemplares. É assim, não tenhamos ilusões, que se moldam as civilizações e se fixa o verniz da moral e do bem-estar, ao longo dos tempos.

Hoje, no meio do ruidoso e irracional frenesim que caracteriza a celebração do 14 de Fevereiro que agora se aproxima, vejam-se os anúncios publicitários nas televisões e nas montras – numa cidade do interior de um país que visitei há pouco tempo, até manequins humanos e seminus estavam expostos para delícia da multidão que passava e parava –, é para as prostitutas ortodoxas e respeitáveis que o meu pensamento se dirige. Essas a quem a vida não ofereceu qualquer escolha, essas que assumem a sua condição, postadas na rua ou nos passeios, muitas vezes à chuva e ao frio, essas a quem diariamente lançamos o nosso olhar de desprezo ou de indiferença, essas que têm uma história dolorosa para contar, essas que fazem de mostruário e da venda do que há de mais sagrado no ser humano, e que está para além do corpo ciclicamente conspurcado.

Para essas mulheres, gostaria de escrever e dedicar-lhes, nesse Dia dos Namorados, um livro tão majestoso como *Memoria de Mis Putas Tristes*, de Gabriel García Márquez, do melhor, para mim, que ele escreveu. Seria a minha humilde homenagem a essas mulheres, afinal, tão tristes e tão nobres no seu infortúnio. Seria a rosa ofertada, entre as muitas rosas, intensas no vermelho com que se pinta o dia 14 de Fevereiro, Dia dos Namorados, Dia de S. Valentim. Para que, pelo menos, por um dia, já que não lhes posso mudar o destino, morram menos por dentro.

Eppur si muove![32]

Esta é uma daquelas frases que, tendo ou não sido pronunciada, fica a repercutir-se na memória, ao longo dos tempos, para imortalizar uma figura, um fato ou mesmo uma época. Trata-se, neste caso, de uma frase atribuída a Galileu Galilei (1564-1642), matemático, físico e filósofo italiano que, colocado, perante o tribunal da Inquisição, para não ser atirado à fogueira, foi obrigado a abjurar, isto é, a negar a teoria heliocêntrica. Esta tinha sido desenvolvida, cerca de um século antes, por Nicolau Copérnico (1473-1543) e seria adotada e defendida também por Galileu.

Reza a lenda que Galileu, na iminência de ser queimado vivo pelo Santo Ofício – era assim que acabavam todos aqueles que eram considerados heréticos e que punham em causa a Verdade religiosa – aceitaria, primeiro, o que lhe obrigavam a aceitar, para logo de seguida, quase num murmúrio, pronunciar a frase acima, antológica na forma e no simbolismo, e que se tornaria num dos maiores emblemas da irreverência do pensamento livre e independente.

Este episódio foi-me desenterrado da memória pelos recentes acontecimentos que têm feito estremecer o mundo. Se é verdade que todas estas ocorrências podem ser espacialmente localizadas, Norte de África ou na zona do Médio Oriente, julgo que todos temos a consciência que o mundo

---
32 Publicado no jornal *O País*, em 26 de fevereiro de 2011.

não mais voltará a ser o mesmo tendo em conta as motivações, a atuação, os envolvimentos e os impactos, a montante e a jusante, que caracterizam o inusitado movimento de massas que temos estado a acompanhar a uma escala até há bem pouco tempo inimaginável.

No denso emaranhado das nossas convicções e crenças cristalizadas ao longo dos últimos anos, poucos poderiam prever o que, incrédulos, seguimos, *em directo*, pelas televisões ou pelos jornais: multidões enfurecidas, mas conscientes e determinadas nos objetivos a que se propuseram, derrubando ou abalando estruturalmente poderes que até aí se consideravam inexpugnáveis.

No frêmito que acompanha estes levantamentos, num bailado de emoções, balas, sangue, gritos, dor e raiva, o que essa revolta coletiva realiza, mais do que um ato emancipatório e de reposição de uma certa ordem, a ordem dos eternos "condenados da terra", como diria Frantz Fanon, o que ela realiza, repito, é um verdadeiro ato de cidadania, talvez na sua forma mais pura e original. Daí a violência.

Como sabemos, a violência engendra sempre a violência. E esta, sendo multiforme, adquire cambiantes e densidade variáveis, como variável é o nível de crueldade e de sofisticação que ela encerra. Como sabemos e como nos ensinou Bertolt Brecht, quanto mais comprimido for o curso do rio, quanto mais barreiras lhe forem criadas, maior será o seu poder de destruição, quando tiver que galgar as margens que, entretanto, lhe foram sendo impostas.

E é preciso explicar aos iluminados de serviço que, pressurosos e subservientes, se prestam a explicações enfadonhas e situacionistas, que existe uma violência que é causa e outra que é efeito. Qualquer delas seria sempre melhor que nunca acontecesse. E é preciso também explicar, mesmo que se obstinem em não compreender, que quanto mais se desapropria um povo, menos ele tem a perder, simplesmente porque não tendo nada, nada tem, pois, a perder.

O que temos vindo a assistir, não é mais do que consequência de longos e penosos anos, muitas vezes décadas, de um acúmulo das mais ominosas arbitrariedades, em que a predatória ação de governantes, muitas vezes eleitos democraticamente, sorve, de forma clamorosa e obscena os recursos, que não sendo inesgotáveis, pertencem aos países e às pessoas que exemplarmente deveriam amar e respeitar.

E a sequência dos números com que diariamente somos bombardeados, referentes às riquezas acumuladas, rapinadas ou congeladas em bancos europeus e pertencentes às lideranças e às suas famílias hoje postas em causa ou removidas do poder são uma mostra eloquente do real compromisso que essas elites têm com os seus países. E esse compromisso é tão profundo que quando se veem apeados do pedestal onde se empoleiravam, a primeira opção, quer por vontade própria quer por indução, é exatamente saltarem ingloriamente para o exterior.

E onde entra Galileu e a teoria heliocêntrica diante desta turbulência e desta inesperada rearrumação do mundo e dos nossos destinos? A era pós-industrial, o fenômeno da globalização e o triunfo do consumismo concorreram, entre outras coisas, para o surgimento e disseminação de muitos estudos e análises – onde incluo algumas das reflexões que desenvolvi anteriormente – que se centravam na ação embrutecedora e anestesiante dos *mass media*, com especial destaque para a televisão, e que estariam a levar as pessoas a um estado de letargia intelectual e de adormecimento generalizado, retirando-lhes qualquer capacidade crítica ou reativa, como por exemplo, o direito à indignação.

A manifesta falta de perspectiva e de referências, a acentuada indiferença dos cidadãos, aos mais diversos níveis, a proliferação de democracias monopartidárias, cleptocráticas ou "descafeinadas", como lhes chama o filósofo argentino Jorge Angel Livraga, o apego desenfreado aos produtos de consumo, a apatia e o conformismo generalizados foram dando uma configuração das sociedades contemporâneas, sobretudo as dos países considerados periféricos, que dificilmente faziam vislumbrar qualquer centelha de clarividência ou capacidade de mobilização e de insurgência.

E se os povos pareciam adormecidos, os poderes adormeceram também, na crença, quando não convicção, que hoje se veem infundadas, de serem eles os predestinados, o centro irradiador, providencial e eterno, o sol portanto. O povo seria o resto, as trevas, na sua imobilidade opaca, obediente e previsível.

E não se aperceberam, como o demonstraram à náusea os insurretos na Tunísia, no Egito, na Líbia, no Iêmen, na Jordânia, no Bahrein, no Irã, em Marrocos, que as pessoas foram se armando com as armas mais eficazes com que um povo se pode hoje armar: a informação e o conhecimento. Daí a estupefação generalizada, sobretudo tendo em conta o fechamento e o manto de proibições que caracterizam grande parte dessas sociedades que hoje se agigantam e ofuscam aqueles que os ofuscavam.

E aí está a História, uma vez mais, a deixar uma inapagável lição de ressonâncias hegelianas de que, afinal, ela é apenas um lugar de definitivos provisórios. Como diria o nosso bom amigo, Galileu, afinal, ela move-se. A massa, a multidão, a turba. A caminho de algo que dificilmente podemos saber o que é. Mas que, espero, deverá fazer jus à sua irreverência, combatividade e persistência na perseguição do seu direito a uma existência digna e respeitável.

Reinventar a alegria[33]

Num desses momentos que a todos nos assalta, a uns mais do que aos outros, em que nos apetece colocar-nos em frente à televisão e, indolentemente, ficarmos rodando o *remote* em busca de algo que possa espevitar a nossa atenção, nem que seja por alguns minutos, fui cair, num canal que transmitia o desfile de uma das escolas de samba mais tradicionais do Rio de Janeiro, a Beija-Flor e que, coincidentemente, se sagraria a campeã de 2011.

Estava pronto para fazer o *zapping*, quando alguma coisa me fez afundar ainda mais no sofá. E, assim, quieto e atento, fui acompanhando o folclórico e genuíno entusiasmo dos apresentadores, a alegria exuberante e dançante das sambistas na avenida, o solene e policromático desfile dos carros alegóricos, o público em delírio nas bancadas.

Tudo aquilo, acontecendo a milhares de quilômetros de distância de onde me encontrava, me despertou para o simples e aterrador fato de que, nós, os moçambicanos, e em flagrante e chocante contraste com a festiva e transbordante emissão televisiva, tínhamos perdido, ou temos estado a perder, a vocação e o sentido de sermos alegres.

Veio-me, de imediato, à memória uma das últimas entrevistas concedidas pelo inesquecível Jorge Amado (1912-2001), quando, colocado

---

33 Publicado no jornal *O País*, em 26 de março de 2011.

perante a pergunta de um jornalista sobre o que singularizava o povo brasileiro, respondeu naquele seu jeito sereno e pachorrento: "Na verdade, o que nos distingue a nós os brasileiros, é essa síntese maravilhosa que fizemos, ao longo dos séculos, entre a melancolia dos portugueses e alegria dos africanos".

Com todos os questionamentos e reservas que possam ser postos em relação a esta afirmação, como sejam a omissão do papel dos índios nessa mesma tessitura identitária, por exemplo, ou os incontornáveis perigos de qualquer tipificação generalizadora, fica-nos aqui um registro que, apesar de muito pessoal, traduz os contornos de uma realidade que, entre outras manifestações do povo brasileiro, a festa do carnaval parece reiterar e celebrar.

Por outro lado, que fique claro que, apesar da indisfarçada simpatia e admiração que tenho pelo autor de obras-primas como *Jubiabá*, *Gabriela Cravo e Canela* ou *Capitães de Areia*, entre outras, e, em especial, o respeito que me merece o juízo que nos deixou, não tenho dúvidas quer sobre a existência de portugueses alegres, entretanto cada vez menos, quer sobre africanos melancólicos, em número cada vez mais crescente, infelizmente.

Muitas são as razões que podem ser invocadas para explicar o fato de a alegria de ser e de estar nos moçambicanos ter-se tornado tão crepuscular, ou simplesmente, ganho configurações cada vez mais pouco animadoras. Desde razões que se prendem com as carências e com o desgaste produzido pelos cada vez mais visíveis condicionalismos socioeconômicos, pelos ciclos intermináveis de provações e de privações de vária ordem desencadeados por desastres naturais e humanos, pelas continuadas decepções acumuladas na expectativa de uma vida melhor que os discursos políticos quase sempre ficcionalizam, enfim, a lista seria quase interminável.

A este propósito, penso que, inúmeras vezes, damos importância demasiada a quem não nos dá importância alguma, esquecendo-nos de que afinal, há muitas coisas na vida que podem depender apenas de nós próprios. E tudo isso passa por sabermos olhar e valorizar os eventos simples de que é feito o nosso dia a dia, as pequenas vitórias que obtemos em nível pessoal ou familiar, as coisas preciosas que os que viveram antes de nós nos legaram, a infinita beleza do que nos rodeia e que temos que aprender a descobrir e, sobretudo, a amarmos perdidamente o lugar onde nascemos, crescemos ou vivemos.

Além do mais, é reconhecida a capacidade de resiliência deste mesmo povo e que tem sabido, vezes sem conta, transformar o infortúnio em oportunidade para se reerguer e reencontrar.

Por outro lado, não podemos deixar de pensar que as mesmas razões que fizeram com que a nossa alegria se tornasse quase residual, estão, afinal, presentes também no quotidiano dos brasileiros. Apesar de a vida deles, nos últimos anos, tender a melhorar substancialmente, ela ainda é caracterizada por uma violência quase endêmica, com os crimes mais hediondos acontecendo, sobretudo nas grandes cidades, por bolsas de pobreza impressionantes, corrupção generalizada, desastres naturais impiedosos, discriminação (ainda) dos negros, dos índios e dos pobres, enfim...

Mas o que os distingue, sejam eles ou não favelados, sejam ele mais ou menos afortunados, e julgo que aí dão grandes lições ao mundo que teima em não aprender ou a desaprender, tal como nós, é a forma como eles celebram a vida. Sobretudo, a capacidade que, de tanto vivenciada, se tornou quase inata. De geração em geração, conseguiram transformar essa alegria em uma de suas maiores instituições e que nenhum poder, nenhuma calamidade, consegue obliterar.

A festa de carnaval é assim uma espécie de tributo que eles prestam à alegria, à cultura e a si próprios, um fogo de artifício feito de cor, som, gestos e ritmo, e que anualmente ilumina os céus e alma de um povo que, no meio de muitas adversidades, não desiste de ser alegre. Pode até haver alguma mistificação na nossa percepção, alguns excessos e muita encenação em tudo aquilo que presenciamos, mas trata-se de um ritual que é um modo de vida e que busca dar sentido a toda uma existência.

Como ensina o filósofo alemão Karl Jaspers, a vida é um baile de máscaras. E o que o Brasil faz, como poucos povos no mundo, é procurar fazer da vida uma imitação do carnaval. Para o bem e, algumas vezes, para o mal, infelizmente.

Quando nós nos impossibilitamos de recolocar a alegria na nossa agenda existencial, estamos, no essencial, a negar-nos a nós próprios, a inviabilizar o que de melhor estará adormecido no nosso interior. Acinzentada, a vida flui prisioneira das múltiplas insignificâncias que a tornam triste e solitária. Como canta Maria Bethânia, a tristeza é uma forma de egoísmo.

Se temos demonstrado, ao longo de todos estes anos, que somos capazes de renovar a esperança e driblar o destino, acredito que temos engenho, arte e tradição para reinventar a alegria festiva, partilhada, dançante, folclorizada, sonora e luminosa que desfila no sambódromo e nas ruas todos os anos. Afinal, como nos ensinou um dos filhos mais ilustres da Bahia, é aos africanos que é incomensuravelmente devida essa mesma alegria.

Referências

De autoria de Francisco Noa

NOA, Francisco. "A banda". In: *O País*. Maputo, 1 out. 2010.

_____. "A literatura moçambicana e a reinvenção da contemporaneidade". In: Encontro sobre *Literaturas africanas de língua portuguesa*. Universidade Politécnica, Maputo, Moçambique, 11-12 abr. 2010.

_____. "A narrativa moçambicana contemporânea: o individual, o comunitário e o apelo da memória". In: IV Encontro de *Professores de literaturas africanas de língua portuguesa*. Ouro Preto, Brasil, 8; 11 nov. 2010.

_____. "A primavera dos oitenta ou a história revisitada". In: *Notícias*, "Cultura". Maputo, jul. 2007.

_____. "A prostituição das palavras". In: *O País*. Maputo, 31 jul. 2010.

_____. "Anatomia do prazer". In: *O País*. Maputo, 6 dez. 2010.

_____. "Arte, estética e ética: a possibilidade de existir". Oração de Sapiência. In: V Jornadas de *Ética do Instituto Superior Maria Mãe de África* (ISMMA). 6 maio 2008.

_____. "As humanidades: entre a permanência e a finitude ou entre desassossegos e desafios". In: Colóquio *Portugal entre desassossegos e desafios*. Centro de Estudos Sociais. Coimbra. fev. 2011.

_____. "As literaturas africanas, valorização do conhecimento e as redes identitárias". In: II Congresso internacional *Relações Culturais Portugal-África: mitos e realidades vivenciais e artísticas*. Covilhã, Universidade da Beira Interior, 26-27 out. 2010.

_____. "Da criação e da crítica literária: a cultura como valor apelativo e estruturante". In: Simpósio *Interpenetração da língua e culturas em língua portuguesa na CPLP*. São Vicente, Cabo Verde, 24-28 mar. 2008.

_____. "Elogio da memória". In: *O País*. Maputo, 25 nov. 2010.

_____. "Elogio da simplicidade". In: *O País*. Maputo, 23 ago. 2010.

_____. "Ensino superior em Moçambique: políticas, formação de quadros e construção da cidadania". In: Congresso *Portugal e os PALOP: Cooperação na área da Educação. Centro de Estudos Africanos*. Instituto Universitário de Lisboa (ISCTE-IUL), 29-30 mar. 2010.

_____. "Eppur si muove". In: *O País*. Maputo, 26 fev. 2011.

_____. "Intersecções afro-luso-brasileiras na poesia de Noémia de Sousa, José Craveirinha e Rui Knopfli e o estabelecimento do cânone literário". In: *XXIII Congresso Internacional da Associação Brasileira de Professores de Literatura Portuguesa* (ABRAPLIP). São Luís, Maranhão, Brasil, 11-16 de set. 2011.

_____. "Morrer por dentro". In: *O País*. Maputo, 5 fev. 2011.

_____. "O guarda-costas". In: *O País*. Maputo, 10 set. 2010.

_____. "O sortilégio do conto: entre o fragmento e a totalidade". In: Colóquio *A Narrativa Breve – o conto lusófono*. Universidade de Aveiro, 26 set. 2008.

_____. "Reinventar a alegria". In: *O País*. Maputo, 26 mar. 2011.

_____. "Rostos". In: *Revista M de Moçambique*. Maputo: Africa Imagem, 2010.

_____. "Sujeito ou consumidor". In: *O País*. Maputo, 15 jan. 2011.

_____. "Uma janela para a utopia". In: *O País*. Maputo, 23 out. 2010.

Fontes bibliográficas, eletrônicas e fonográficas

ACHEBE, Chinua. "The Novelist as Teacher." (1965). In: *Hopes and Impediments: Selected Essays 1965–1987*. London: Heinemann Educational Books, p. 27-31, 1988.

_____. *Home and Exile*. Oxford: University Press, 2000.

ADORNO, Theodor. *Teoria estética*. Lisboa: Edições 70, 2006.

ALLAN, Derek. "Literature and Knowledge", at a conference entitled *The Literal Truth: A Symposium on Literature and Lying*. Australian National University, 5-6 November: http://home.netspeed.com.au/derek.allan/publications.html, 2002.

APPADURAI, Arjun. *Dimensões culturais da globalização*. Lisboa: Teorema, 2004.

_____. *Après le colonialisme. Les consequences culturelles de la globalization*. Paris: Payot, 2001.

AUNIÓN, J. A.; Rudich, J. "Preocupación por la escasa inserción laboral de las carreras cortas de Bolonia", 2010. In: *El País*: http://elpais.com/diario/2010/03/12/sociedad/1268348402_850215.html.

AVELAR, Idelber. "Cânone literário e valor estético: notas sobre um debate do nosso tempo", 2009: http://www.abralic.org.br/revista/?n=15.

BARILLI, Renato. *Curso de Estética*. Lisboa: Editorial Estampa, 1994.

BARTHES, Roland. *Leçon*. Paris: Seuil, 1989.

BATA, Clemente. *Retratos do instante*. Maputo: AEMO, 2010.

BAUMAN, Zygmunt. *O mal-estar da pós-modernidade*. Rio de Janeiro: Jorge Zahar Editor, 1998.

BECHARA, Evanildo. (Entrevista). In: *Veja*, n. 2050, 5 mar. 2008, p. 115, 2008.

BENJAMIN, Walter. "Theses sur la Philosophie de l'Histoire". In: *L'homme, le Langage et la Culture, Essais*, Paris, Denoel/ Gonthier, p. 183-196, 1971.
BERLEANT, Arnold. *The Aesthetics of Environment*. Philadelphia: Temple University Press, 1992.
BLOOM, Harold. *Onde encontrar a sabedoria*. Rio de Janeiro: Objetiva, 2005.
BRITO, Lídia; BROUWER, Roland; MENETE, Zélia. "Educação, formação profissional e poder". In: *Desafios para Moçambique 2010*. Maputo: IESE, p. 273-296, 2009.
BROCK-UTNE, Birgit. "Formulating Higher Education Policies in Africa - the Pressure from External Forces and the Neoliberal Agenda". In: *Journal of Higher Education in Africa*, v. 1, n. 1, 2003.
BRONOWSKI, Jacob; MAZLICH, Bruce. *A tradição intelectual do Ocidente*. Lisboa: Edições 70, 1988.
BROUWER, Roland et al. "Análise do impacto do Fundo para Melhoria da Qualidade e Inovação" (Relatório). Maputo: AUSTRALCOWI, 2008.
CABAÇO, José Luís. *Moçambique: identidades, colonialismo e libertação*. São Paulo: Unesp. 2009.
CALVINO, Italo. *Seis propostas para o próximo milénio*. 4. ed. Lisboa: Teorema, 2002.
CARTAXANA, Rui. *Manauè e outros contos*. Maputo: Kaia Ka Hina. 2010.
CASSAMO, Suleiman. "O Regresso do morto". In: *O Regresso do morto*. Maputo: AEMO, 1989.
CHAPMAN, Michael. "African Literature, African Literatures: Cultural Practice or Art Practice?". In: *Research in African Literatures* – v. 34, Number 1, Spring, p. 1-10, 2003.
COELHO, João Paulo Borges. *Índicos indícios II*. Meridião. Maputo: Ndjira, 2005.
COETZEE, Pieter H. "Particularity in morality and its relation to community". In: P. H. Coetzee and APJ Roux, *Philosophy from Africa*, 2nd ed. Oxford: University Press, 2004.
COUTO, Mia. "Saíde, o Lata de Água". In: *Vozes Anoitecidas*, 4. ed. Lisboa: Caminho, 1987.
CRAVEIRINHA, José. *Cela 1*. 2. ed. Maputo: INLD, 1980.
_____. *Karingana Ua Karingana*. Maputo: INLD, 1982.
_____. *Xigubo*. 2. ed. Maputo: INLD, 1980.
DAU, Alex. *Reclusos do tempo*. Maputo: AEMO, 2009.
EAGLETON, Terry. *A idéia de cultura*. São Paulo: Unesp, 2003.
ECO, Umberto. *Obra aberta*. 7. ed. São Paulo: Perspectiva, 2003.
ELIOT, T. S. *Ensaios de doutrina crítica*. Lisboa: Guimarães Editores, 1997.
FABIAN, Johannes. *Time and the Other. How anthropology makes its object*. New York: Columbia University Press, 1983.

FAUQUIÉ, Rafael. "Fragmentária voz poética", 1993: http://www.letralia.com/101/ensayo01.htm

FISCHER, Ernst. *A necessidade da arte*. Lisboa: Editora Ulisseia. [s.d.]

GADAMER, Hans-Georg. *Verdade e Hermenêutica*. 3. ed. Petrópolis: Editora Vozes, 1999.

GASSET, José Ortega y. *A desumanização da arte*. 3. ed. Lisboa: Vega, 2003.

GIDDENS, Anthony. *As consequências da modernidade*. Oeiras: Celta Editora, 1995.

GOTLIB, Nádia Battella. *Teoria do conto*. 10. ed. São Paulo: Editora Ática, 2003.

GYEKYE, Kwame. "Person and community in African thought". In: P. H. Coetzee and APJ Roux, *Philosophy from Africa*, 2nd ed. Oxford: University Press, 2004.

HOLLANDA, Chico Buarque de. "A banda". In: *Chico Buarque de Hollanda – Os primeiros anos*. v. 1, Faixa 1. CD. Som Livre 0278-2, 2006.

ISER, Wolfgang. *Prospecting: From Reader Response to Literary Anthropology*, Baltimore/London, The Johns Hopkins University Press, 1989.

KHOSA, Ungulani Ba Ka. "O exorcismo". In: *Orgia dos loucos*. 2. ed. Maputo: Imprensa Universitária, 1990.

KNOPFLI, Rui. *Memória consentida. 20 anos de Poesia 1959/1979*. Lisboa: Imprensa Nacional, Casa da Moeda, 1982.

KOTT, Jan. *Shakespeare, Our Contemporary*. New York: W. W. Norton & Company, 1974.

KUNDERA, Milan. *A cortina*. Porto: Edições ASA, 2005.

LABAN, Michel. *Moçambique - Encontro com escritores*. v. 1, Porto: Fund. Eng. António de Almeida, 1998.

LASH, Scott. "A reflexividade e seus duplos". In: Anthony Giddnes, Ulrich Beck e Scott Lash. *Modernização Reflexiva*. São Paulo: Editora Unesp, p. 135-206, 1997.

LEVINAS, Emmanuel. *Ética e infinito*. Lisboa: Edições 70, 1988.

_____ . *Totalidade e infinito*. Lisboa: Edições 70, 1988.

LIMA, Conceição. *A dolorosa raiz do Micondó*. Lisboa: Caminho, 2006.

LIMA, João Francisco Lopes de. "O sujeito, a racionalidade e o discurso pedagógico da modernidade", 2002: http://www.redalyc.org/articulo.oa?id=35401404.

LLOSA, Mario Vargas. "La civilización del espectáculo", Babelia, *El País*, 22 jan. 2011.

MANJATE, Lucílio. *O contador de palavras*. Maputo: Alcance Editorial. 2012.

MARCUSE, Herbert. *A dimensão estética*. Lisboa: Edições 70, 1999.

MÁRIO, Mouzinho et al. *Higher Education in Mozambique. A Case Study*. Maputo: Imprensa & Livraria Universitária, 2003.

MATOS, Narciso; Mosca, João. "Desafios do Ensino Superior". In: *Desafios para Moçambique 2010*. Maputo: IESE, p. 297-318, 2009.

MBONAMBI, Phakama. "The beautiful mind of Lewis Nkosi", *Wordsetc, South African Literary Journal*, First Quarter, p. 24-31, 2011.

MEC/ERNST & YOUNG. "Relatório de avaliação de impacto do Programa de Bolsas de Estudo Provinciais 2002-2007", 2008.

MEC-DICES."Dados estatísticos sobre o Ensino Superior em Moçambique". Maputo, 2007.

MEC-DICES/GSC. "Impacto de Estudantes Graduados no Mercado Laboral – Relatório Final." Maputo, 2009.

MEIGOS, Filimone. *Globatinol - (antídoto) ou o Garimpeiro do tempo.* Maputo: UEM, 2002.

MESCT. "Plano Estratégico do Ensino Superior em Moçambique 2000-2010". Maputo, 2000.

MINER, Earl. "Estudos Comparados Interculturais". In: Marc Angenot (dir.). *Teoria Literária.* Lisboa: Dom Quixote, 1995.

MOMPLÉ, Lília. "Aconteceu em Saua Saua". In: *Ninguém matou Suhura.* 4. ed. Maputo: Edição da Autora, 2007.

MONTAIGNE, Michel de. *Essais, I*, Paris, Librairie Générale Française, 1972.

MOSCA, João. *Longo caminho para a cidadania.* Maputo: Alcance Editorial. 2012.

MUIANGA, Aldino. *O domador de burros e outros contos.* Maputo: Ndjira, 2003.

MUKAROWSKI, JAN. *Escritos sobre Estética e Semiótica de Arte.* Lisboa: Editorial Estampa, 1981.

OBANYA, Pai. "Politics of Access to Education: the Nigerian Story". http://r4d.dfid.gov.uk/Output/182320/

OJAIDE, Tanure. "Examining Canonisation in Modern African Literature", *Asiatic*, v. 3, Number 1, June, 2009: http://asiatic.iium.edu.my/v3n1/article/Tanure_Ojaide/Tanure.

PATRAQUIM, Luís Carlos. *Matéria concentrada. Antologia poética.* Maputo, Ndjira, 2011.

RÉGIS, Sônia. "Literatura e conhecimento", 2001: http://revistas.pucsp.br/index.php/galaxia/article/viewFile/1085/710

SAMOFF, Joel; BIDEMI, Carrol. "The Promise of Partnership and Continuities of Dependence: External Support to Higher Education in Africa". In: *African Studies Review*, 2004: http://journals.cambridge.org/action/displayAbstract?fromPage=online&aid=9124863&fileId=S0002020600027001.

SARTRE, Jean Paul. *Qu'est-ce que la Littérature?* Paris: Éditions Gallimard, 1993.

SAWYERR, Akilagpa. "Challenges Facing African Universities: Selected Issues". In: *African Studies Review*, University of Massachusetts, v. 47, No. 1, 1-59, 2004.

SEBASTIÃO, Lica. *Poemas sem véu.* Maputo: Alcance Editores. 2011.

SERRÃO, Adriana Veríssimo. "Pensar a Natureza a partir da Estética". Coimbra, 10-11 fev. 2005: http://www.apfilosofia.org/area-de-socios/comunicacao-apf/pensar-a-natureza-a-partir-da-estetica

SHAKESPEARE, William. *Complete Works.* Glasgow: Harper Collins Publishers.

SOUSA, Noémia de. *Sangue negro.* Maputo: AEMO, 2001.

SOYINKA, Wole. *Myth, Literature and the African World*. Cambrige: University Press, 2000.

SWIRSKI, Peter. *Of Literature and Knowledge: Explorations in Narrative Thought experiments, Evolution, and Game Theory*. London: Routledge, 2007.

TIMÓTEO, Adelino. *A virgem da Babilónia*. Maputo: Texto Editores. 2009.

TODOROV, Tzvetan. *Poética*. Lisboa: Teorema, 1986.

TORRES, Graça. *Niassa, Terra de Mel... e Leite Amargos*. Maputo: Editora da Autora, 2004.

TOURAINE, Alain. *Igualdade e diversidade*. São Paulo: EDUSC, 1998.

VATTIMO, Gianni. (Entrevista). In: *Revista CULT*, n. 126, jul. 2008, São Paulo, p. 12-13, 2008.

_____. *O fim da modernidade. Niilismo e Hermenêutica na cultura pós-moderna*. São Paulo: Martins Fontes, 2002.

VERDE, Filipe. *Explicação e Hermenêutica*. Coimbra: Angelus Novus, 2009.

VROEIJENSTIJN, A.I. *Melhoria e responsabilização: navegando entre Cila e Caríbdis. Manual de avaliação externa da qualidade no Ensino Superior*. Brasília, 1996.

VUGHT, Frans van. *Mission Diversity and Reputation in Higher Education*, 2008: http://www.palgrave-journals.com/hep/journal/v21/n2/abs/hep20085a.html.

WIREDU, Kwasi. "The moral foundations of an African culture". In: P. H. Coetzee and APJ Roux, *Philosophy from Africa*, 2nd ed. Oxford: University Press, 2004.

WITTGENSTEIN, Ludwig. *Cultura e valor*, Lisboa, Edições 70, 1996.

Índice Onomástico

A
Achebe, Chinua 15, 23, 94, 97
Adorno, Theodor 47, 50
Alba, Sebastião 168
Albasini, João 102, 110
Aleluia, Aníbal 102
Allan, Derek 67, 75
Amado, Jorge 100, 103, 105, 227
Amaral, Fonseca 102, 110
Andrade, Carlos Drummond de 100, 101, 105, 168
Andrade, Mário Pinto de 162
Appadurai, Arjun 32, 35, 91, 97
Archer, Margaret 16
Aristóteles 41, 42
Arouca, Domingos 181, 182, 184
Artur, Armando 21
Assis, Machado de 54, 59
Aunión, J. A. 128
Avelar, Idelber 111, 112

B
Bacon, Francis 193
Baltazar, Rui 182
Balzac, Honoré de 40, 100
Bandeira, Manuel 101, 105
Barilli, Renato 50
Barthes, Roland 20, 66, 75
Bata, Clemente 78, 81, 86, 143, 145
Baudelaire, Charles 38, 40, 135
Baudrillard, Jean 216
Bauman, Zygmunt 82, 86, 215
Baumgarten, Alexander G. 42, 45
Bechara, Evanildo 20, 23
Benjamin, Walter 22, 23, 43, 162
Berleant, Arnold 42, 50
Bethânia, Maria 229
Bidemi, Carrol 117, 118, 129
Blanchot, Maurice 176, 177
Bloom, Harold 29, 67, 75
Borges, Jorge Luis 54, 59, 93, 176, 178
Brecht, Bertolt 101, 197, 198, 224
Brito, Lídia 123, 128
Brock-Utne, Birgit 120, 128
Bronowski, Jacob 86
Brouwer, Roland 123, 128
Buarque, Chico 200

C
Cabaço, José Luís 159, 160
Cabral, Amílcar 162
Calcutá, Madre Teresa de 193
Caldas, Cassiano 100, 105
Calvino, Italo 67, 75, 183
Camões, Luís de 27, 28, 100, 101, 102, 168, 208
Cartaxana, Rui 157, 158
Cassamo, Suleiman 18, 58, 63
Cézanne 38
Chapman, Michael 15, 23, 75, 80, 86
Chissano, Joaquim 48, 181
Chiziane, Paulina 13, 14, 17, 33, 48
Cícero 209
Cioran, Emile 141
Coelho, João Paulo Borges 18, 33, 78, 81, 83, 86
Coetzee, Pieter 55, 63, 83, 86
Coleman, James 119
Conceição, Chico da 182
Copérnico, Nicolau 193, 223
Cortázar, Julio 59, 61, 62
Costner, Kevin 195
Couto, Mia 14, 18, 48, 56, 61, 63, 145
Craveirinha, José 19, 27, 32, 35, 48, 95, 97, 99, 100, 102, 104, 105, 111, 112, 168, 171, 197, 207

D
Dau, Alex 78, 81, 85, 86
Degas 38
Derrida, Jacques 79, 90

E
Eagleton, Terry 15, 16, 23
Eco, Humberto 43, 67, 75, 96, 97
Eliot, T. S. 16, 23, 28, 29, 35, 101

F
Fabian, Johannes 27, 35
Fauquié, Rafael 53, 63
Fischer, Ernst 38, 50
Flaubert 38, 40
Foucault, Michel 204
Freud, Sigmund 26, 79, 208

G
Gadamer, Hans-Georg 90, 97
Galileu Galilei 193, 223, 225
Gamito, Hermenegildo 182
Gasset, José Ortega y 39, 50
Geertz, Clifford 17
Ghandi 193
Giddens, Anthony 81, 84, 86
Gogo, Mutumbela 48
Gomes, Soeiro Pereira 105
Gotlib, Nádia Battella 59, 61, 63
Gyekye, Kwame 55, 63

H
Heidegger, Martin 90
Honwana, Luís Bernardo 48, 145, 189
Houston, Whitney 181, 195

I
Iser, Wolfgang 20, 22, 23

J

Jackson, Mick 195
Jaspers, Karl 89, 229
Jolles, André 59

K

Kant, Emmanuel 43, 45, 47, 77
Kepler 193
Khosa, Ungulani Ba Ka 48, 57, 59, 61, 63, 145
Kierkegaard, Soren 40, 93
Ki-Zerbo, Joseph 120
Knopfli, Rui 28, 35, 94, 97, 99, 100, 101, 102, 105, 106, 110, 111, 112, 168
Kott, Jan 25, 35
Kundera, Milan 50, 140

L

Laban, Michel 27, 35, 100, 101, 105, 112, 189
Langa, Alexandre 48
Lash, Scott 84, 85, 86
Lemos, Virgílio de 102, 110
Levinas, Emmanuel 50, 54, 63, 71, 75
Lévi-Strauss 79
Lhongo, Zaida 46, 48
Lima, Conceição 72, 75
Lima, João Francisco Lopes de 86
Lispector, Clarice 59
Livraga, Jorge Angel 225
Llosa, Mario Vargas 89, 97
Longfellow, Henry 194
Lourenço, Eduardo 160, 162

M

Maalouf, Amin 71
Machel, Samora 196
Machungo, Mário 182
MacLeish, Archibald 166
Mahekwane, Francisco 48
Maiakovski 168
Malangatana 48
Mallarmé 38
Malunga, Awaji 34
Mandela, Nelson 193, 209, 210
Manjate, Lucílio 175
Mankeu 48
Marcuse, Herbert 50
Marinetti 39
Mário, Mouzinho 128
Márquez, Gabriel García 221
Martinho, Fernando J. B. 165
Martins, Bento António 33
Martins, Oliveira 100

Marx 26, 79
Matisse 38
Matos, Narciso 121, 125, 128
Maupassant, Guy de 38, 59
Mazrui, Ali 125
Mbonambi, Phakama 93, 97
Meigos, Filimone 21, 33, 35
Mendes, Orlando 102
Menete, Z. 123, 128
Miner, Earl 59, 63
Missau, Ernesto 46, 48, 49
Momplé, Lília 57, 59, 61, 63
Monet 38
Montaigne 71, 75, 162
Mosca, João 121, 125, 128, 171, 172, 173
Muianga, Aldino 13, 17, 33, 48, 56, 61, 63, 78, 82, 83, 85, 86, 145
Mukarowski, Jan 44, 50
Muthemba, Cadmiel 182

N

Namorado, Joaquim 105
Newton 193
Nhaca, Tomé 78, 81, 83
Nietzsche 26, 40, 79, 198
Nkosi, Lewis 93, 97
Nogar, Rui 48, 102, 168
Noronha, Rui de 102, 110
Nyerere, Julius 118

O

Obanya, Pai 119, 125, 129
Ojaide, Tanure 108, 111, 112
Oliveira, Carlos de 105

P

Panguana, Marcelo 18
Patraquim, Luís Carlos 165, 166, 167, 168, 169
Pessoa, Fernando 101, 105
Platão 18, 41, 42, 204, 212
Poe, Edgar Allan 59, 60
Propp, Vladimir 59

Q

Queirós, Eça de 27, 100
Quiroga, Horácio 59

R

Racua, Mussa 57, 60
Ramos, Graciliano 100, 105
Redol, Alves 105
Régis, Sônia 73, 75
Rego, José Lins do 105
Renoir 38
Ribeiro, Afonso 105

Ribeiro, Ilídio 182
Rimbaud 38
Rougemont, Denis de 188
Rousseau 77
Russell, Bertrand 90

S

Samoff, Joel 117, 118, 129
Santos, Boaventura de Sousa 159
Sartre, Jean-Paul 40, 51, 90
Saussure, Ferdinand de 19
Saúte, Nelson 13, 32
Sawyerr, Akilagpa 124, 125, 129
Schoppenhauer 40
Sebastião, Lica 153
Sereno, Mário 192
Serrão, Adriana Veríssimo 42, 51
Shakespeare, William 25, 34, 35, 215
Sitoe, Bento 19
Sousa, Noémia de 48, 69, 75, 87, 99, 100, 103, 104, 111, 112, 204
Soyinka, Wole 47, 51, 68, 75
Swirski, Peter 67, 75

T

Tchekhov, Anton 59
Tembe, Jorge 182
Timóteo, Adelino 32, 139, 141
Todorov, Tzvetan 21, 23
Torres, Graça 133, 137
Touraine, Alain 55, 82, 86, 206, 218
Tutu, Desmond 193

V

Vattimo, Gianni 69, 75, 89, 97
Verde, Filipe 97
Verlaine 38, 135
Vieira, Luandino 19, 207
Vroeijenstijn, A. I. 123, 124, 129
Vught, Frans van 129

W

White, Eduardo 21, 32
Wilde, Oscar 193
Wiredu, Kwasi 55, 63, 125
Wittgenstein, Ludwig 23

X

Xidiminguana 48

fontes	Andada (Huerta Tipográfica)
	Open Sans (Ascender Fonts)
papel	Pólen Soft 80 g/m²
impressão	Printcrom Gráfica e Editora Ltda.